TEMPLATES
PARA DESIGN GRÁFICO E DESIGN DE EMBALAGENS 2

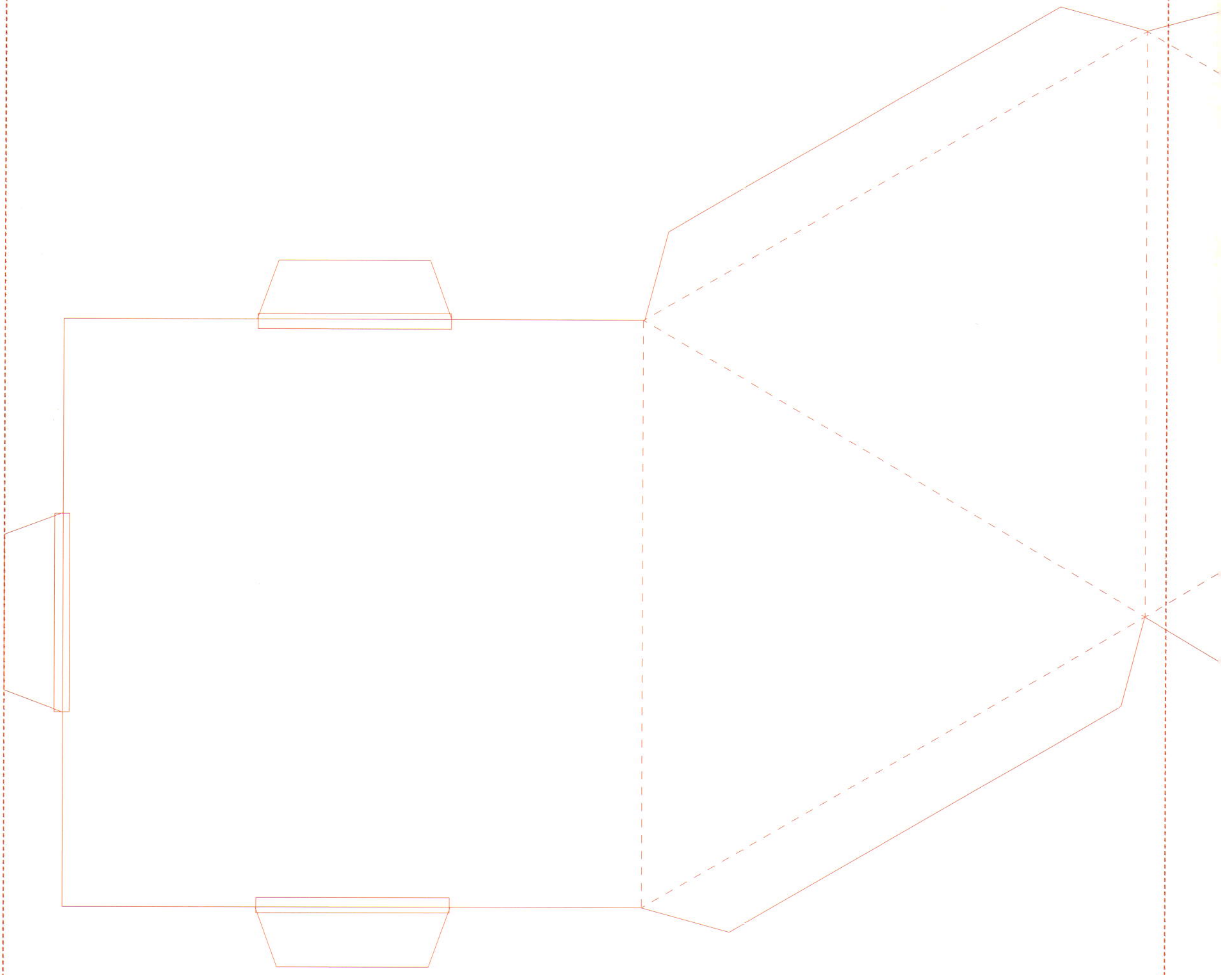

Obra originalmente publicada sob o título *The Packaging and Design Templates Sourcebook 2*

ISBN 9782888931249

Diretor de arte: *Tony Seddon*

Design: *Studio Ink*

Tradução: *Mariana Belloli*

Revisão técnica: *Denise Dantas* – Doutora em Arquitetura e Urbanismo; Professora de Design da FAU–USP e do Centro Universitário Senac

Capa: *Rogério Grilho,* arte sobre capa original

Leitura final: *Bianca Parracho*

Editora Sênior – Bookman: *Arysinha Jacques Affonso*

Editora responsável por esta obra: *Elisa Viali*

Editoração eletrônica: *Techbooks*

T284 Templates para design gráfico e design de embalagens 2 / [Organizado por] Luke Herriott ; tradução: Mariana Belloli ; revisão técnica: Denise Dantas. – Porto Alegre : Bookman, 2011.
224 p. : il. color. ; 16,5 x 22 cm + 1 CD-ROM

ISBN 978-85-7780-798-7

1. Design gráfico – Templates. 2. Design – Embalagens. I. Herriott, Luke.

CDU 658.512.2

Catalogação na publicação Ana Paula M. Magnus – CRB 10/2052

Av. Jerônimo de Ornelas, 670 – Santana
90040-340 – Porto Alegre – RS
Fone: (51) 3027-7000 Fax: (51) 3027-7070

Unidade São Paulo
Av. Embaixador Macedo Soares, 10.735 – Pavilhão 5 – Cond. Espace Center
Vila Anastácio – 05095-035 – São Paulo – SP
Fone: (11) 3665-1100 ax: (11) 3667-1333

SAC 0800 703-3444

IMPRESSO NA CHINA
PRINTED IN CHINA

TEMPLATES 2

PARA DESIGN GRÁFICO E DESIGN DE EMBALAGENS

bookman

2011

VINTAGE COUTURE
MOTH

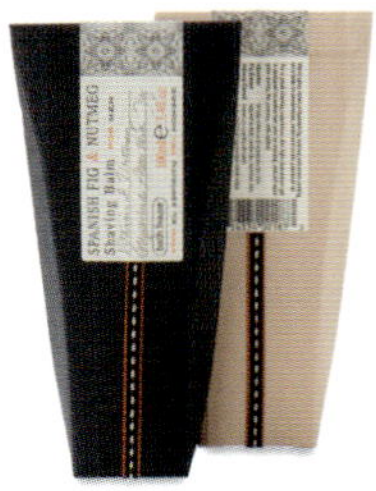
SPANISH FIG & NUTMEG
Shaving Balm

eureka

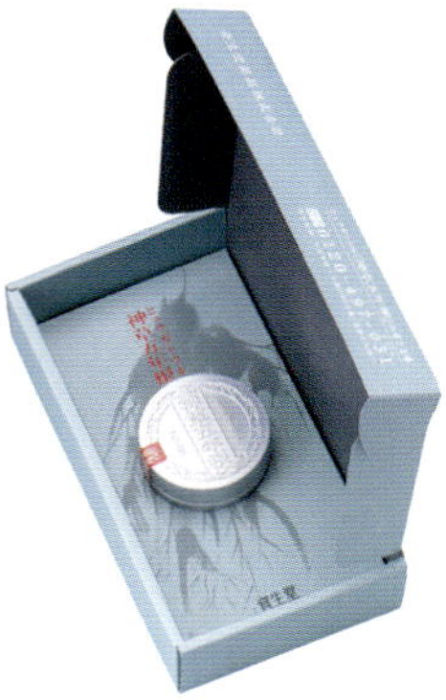

reel revolution

Tin Tab

FRANZ FERDINAND

FRENCH PAPER COMPANY
PERFECT MATCH
GO FRENCH

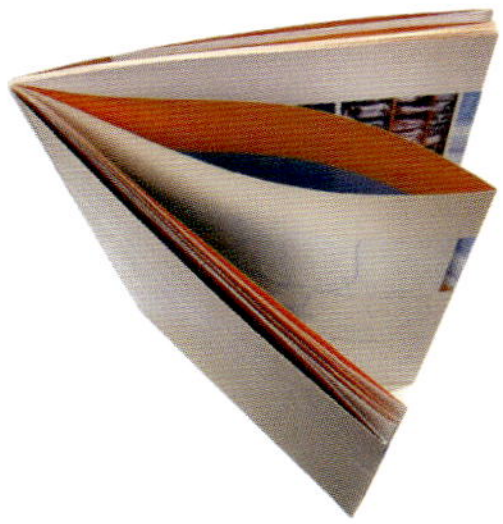

frü
CARROT CAKES

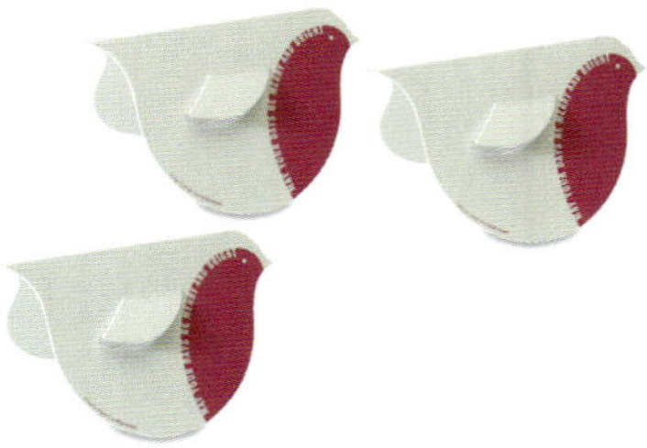

SUMÁRIO

INTRODUÇÃO

Esta continuação do grande sucesso *Templates para design gráfico e design de embalagens* não deveria faltar na estante de nenhum designer ou estúdio de design.

Quando embarcamos em novos projetos, nós, designers gráficos e de embalagens, nos deparamos constantemente com os mesmos desafios de criatividade – como enfrentar os briefings e produzir algo que não apenas inspire, mas que também dê aos clientes produtos que tenham uma vantagem especial sobre os outros.

Cada novo projeto nos apresenta a oportunidade de criar algo empolgante, inspirador e original, ao mesmo tempo em que nos oferece a chance de ultrapassar os limites da nossa criatividade e surpreender a nossos clientes e a nós mesmos.

Como designers, buscamos inspiração na pesquisa e na vida ao nosso redor. Encontramos soluções em ideias testadas e aprovadas, mas também nas experiências inovadoras, desde que muito bem estudadas. Pensamos em orçamentos, aplicações práticas e prazos, e então lentamente desenvolvemos um conceito adequado ao briefing, enquanto também forçamos os limites.

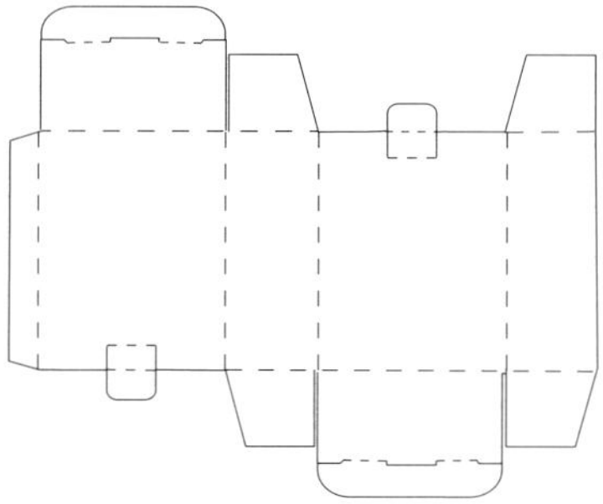

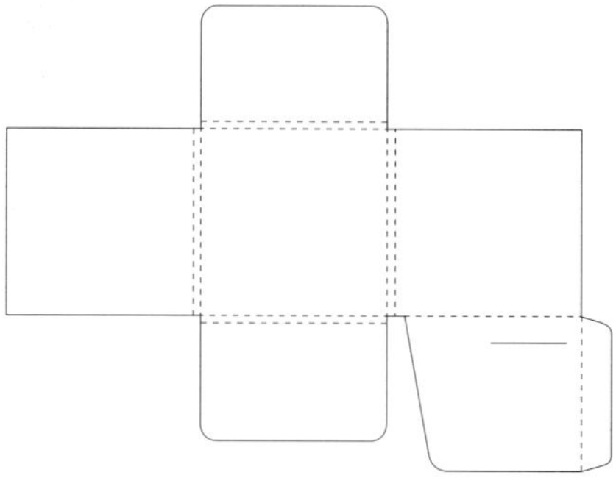

Todos os projetos devem começar com uma boa ideia, e é preciso encontrar a abordagem certa para que essa ideia funcione. Este livro reúne um conjunto fantástico de trabalhos de designers de sucesso do mundo todo que desenvolveram soluções de embalagem e de engenharia do papel incríveis para uma infinidade de projetos. Cada projeto vem acompanhado de um template que pode ser usado, adaptado, ou pode simplesmente servir como fonte de inspiração.

Os trabalhos incluídos nesta obra apresentam vários formatos, cortes, formas e dobraduras experimentais criados em materiais diversos que vão entusiasmar os designers e inspirá-los a expandir sua criatividade. Esta fonte valiosa de ideias abrange áreas tão diversas quanto bebidas e alimentos, embalagens de produtos, materiais promocionais, CDs e DVDs, livros, displays para o varejo e papelaria.

Um briefing pode ser interpretado de muitas maneiras. Esperamos que estes projetos e templates o inspirem a sair de sua zona de conforto, a experimentar e a assumir alguns riscos criativos.

01

LIVROS, CATÁLOGOS E MATERIAIS PROMOCIONAIS

DESIGN	→	Ida Wessel
PROJETO	→	Livro de exposição para Arkitekturmuseet
DESCRIÇÃO	→	A capa inspiradora deste livro sobre arquitetura é dominada por um corte especial de cores vivas destacado, dobrado e montado na forma de uma casa em cartão micro-ondulado.

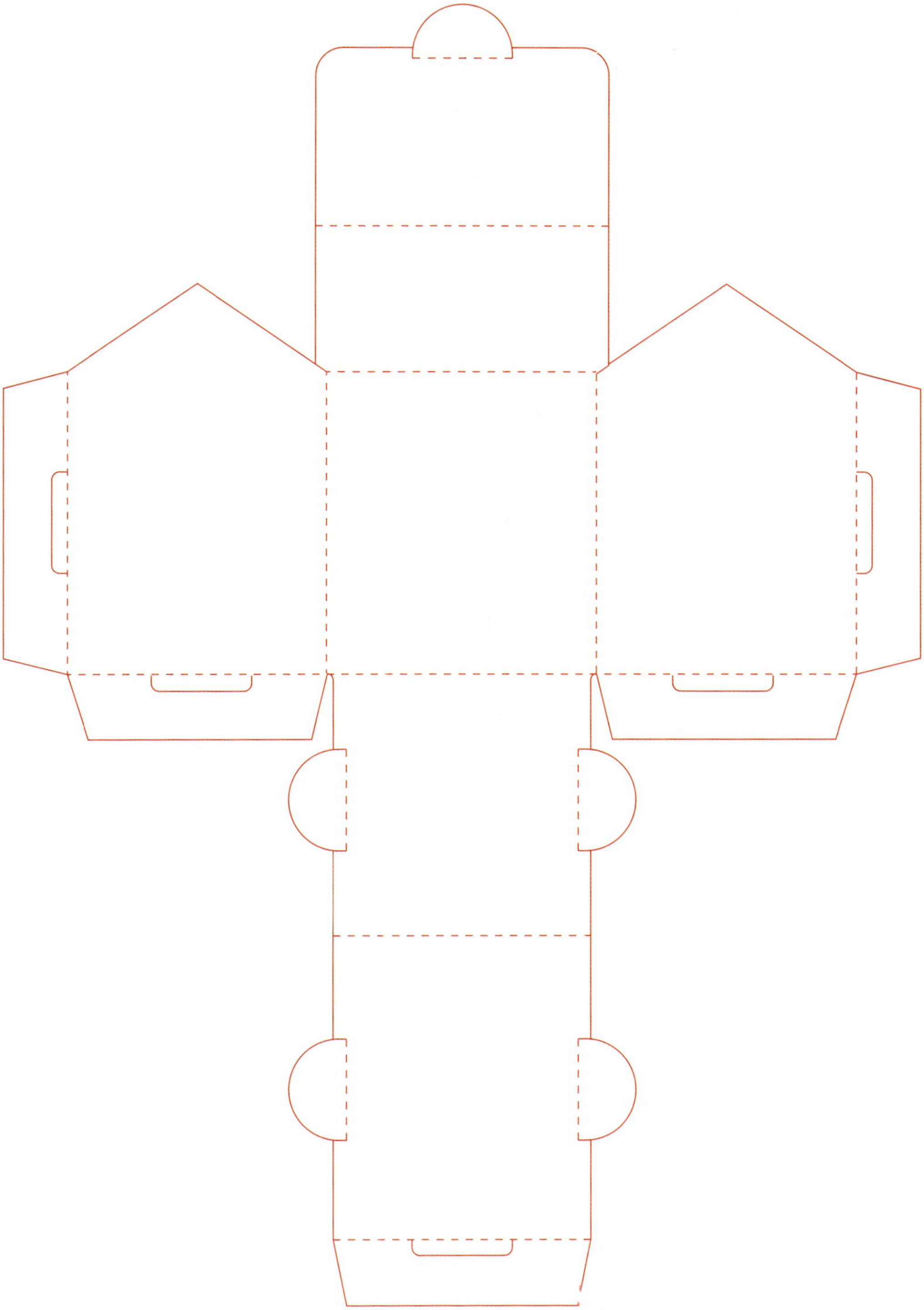

DESIGN	→	Märang
PROJETO	→	Livro Pelé
DESCRIÇÃO	→	A capa e a caixa de apresentação deste livro são feitas em seda de Setalux com aplicação de pele na capa.

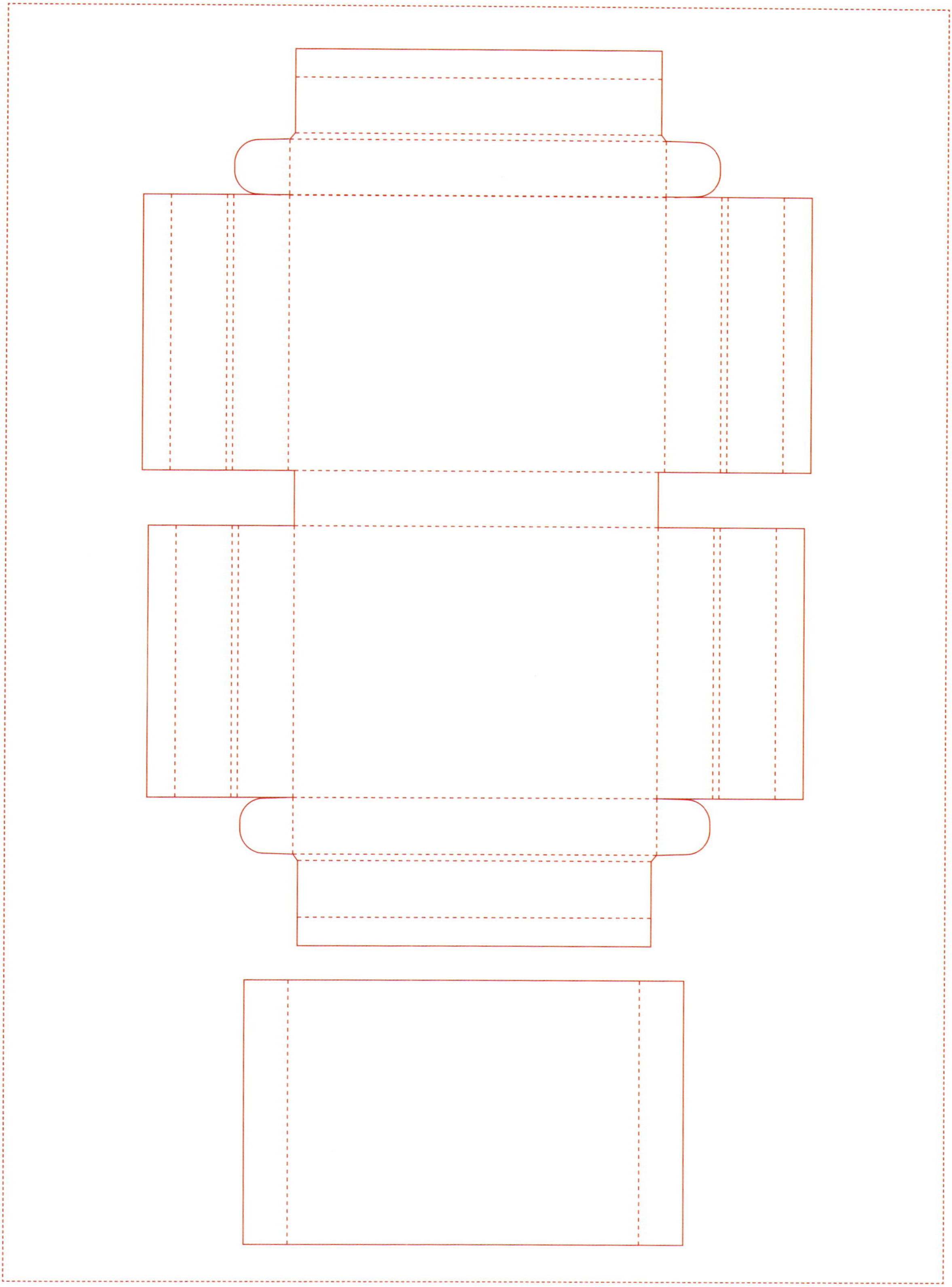

DESIGN	→	dixonbaxi
PROJETO	→	Livro promocional
DESCRIÇÃO	→	Este livro de edição limitada criado para o canal de videoclipes VH1 foi projetado para reproduzir a marca da emissora quando aberto.

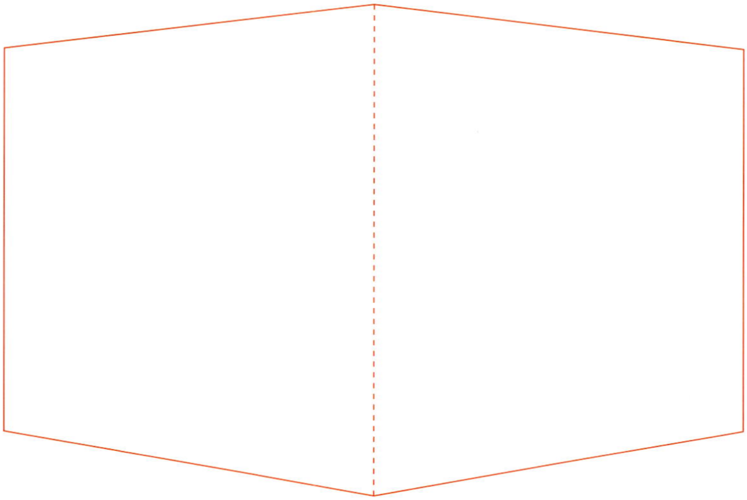

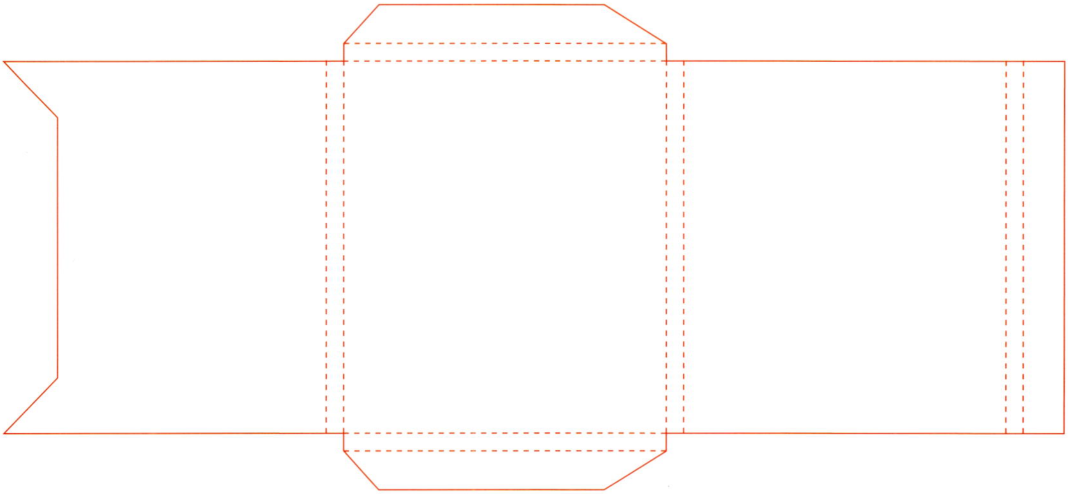

HOT
Spring/Summer 2007
Lookbook
CECIL GEE

DESIGN	→	Yang Rutherford
PROJETO	→	Lookbook promocional
DESCRIÇÃO	→	Este belo lookbook, desenhado para a marca de moda Cecil Gee, emprega um papel-cartão normalmente usado em embalagens, que confere peso e toque únicos ao catálogo. Os diferentes acabamentos, como os cantos arredondados e o parafuso em níquel da encadernação que permite o manuseio giratório, dão seriedade e charme. Para finalizar, a capa é decorada com hot stamping prateado que desperta o interesse do observador.

DESIGN	→	Bruketa&Zinić
PROJETO	→	Relatório anual
DESCRIÇÃO	→	Este relatório anual da Podravka, empresa alimentícia do leste europeu, foi projetado como um livro de capa dura dentro de uma embalagem em papel-cartão que lembra uma caixa de alimentos.

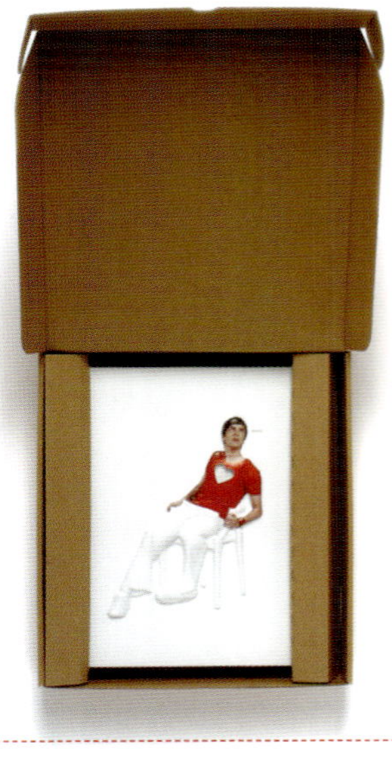

DESIGN	→	Aloof Design
PROJETO	→	Caderno de notas para a imprensa
DESCRIÇÃO	→	A capa foi feita com uma folha de papel-cartão inteira dobrada, colada, cortada e gravada a seco com uma textura que imita o couro de crocodilo. A encadernação permite que a capa envolva toda a lombada e esconda o wire-o.

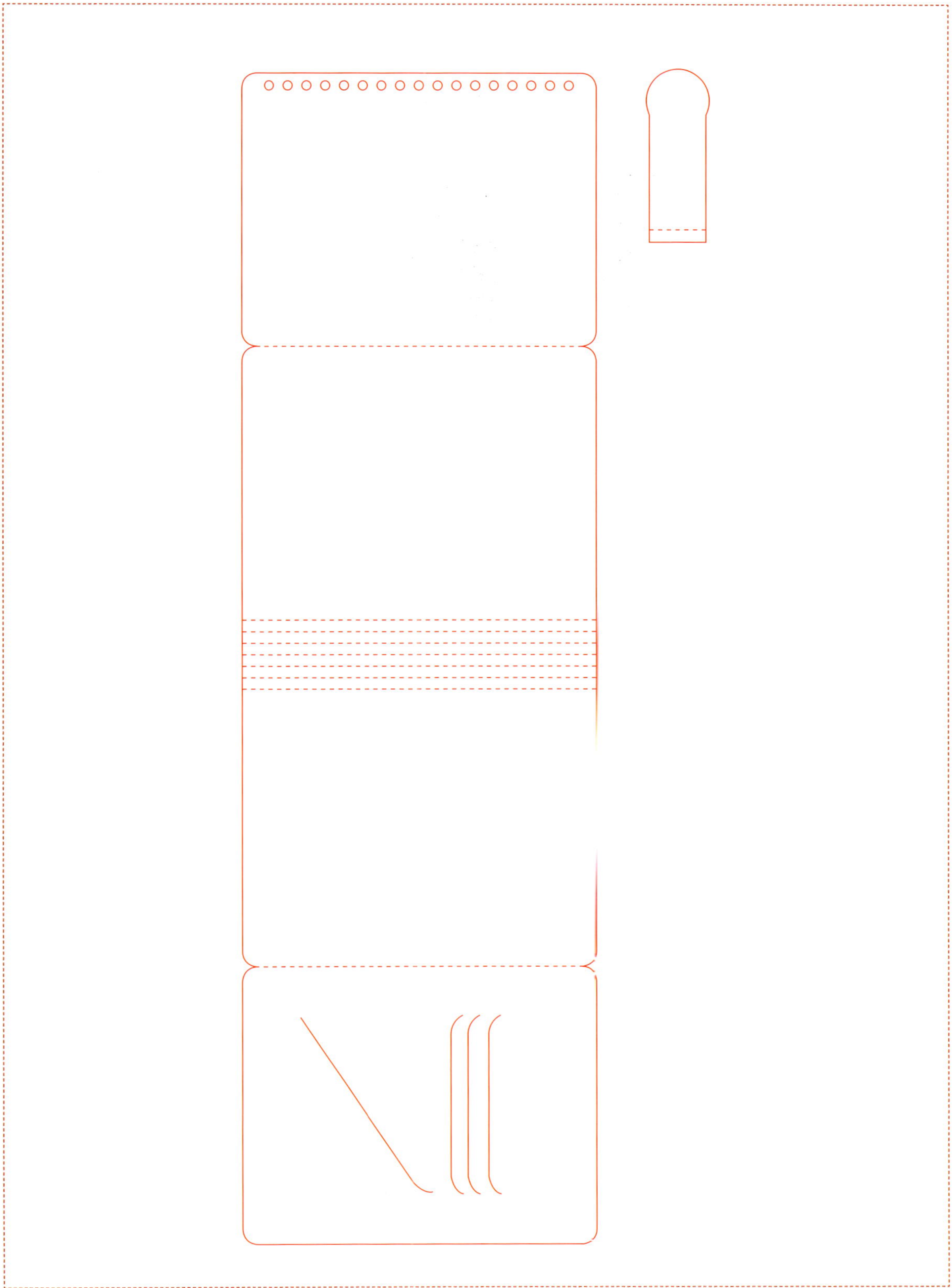

DESIGN	➔	Aloof Design
PROJETO	➔	Catálogo de produtos/lookbook sazonal
DESCRIÇÃO	➔	Para este lookbook de primavera/verão em formato sanfona, a Aloof desenhou as páginas de um livro que coubessem em uma folha de papel B1, que então foram cortadas e unidas manualmente para criar um livro desdobrável de aproximadamente 4 metros de comprimento.

DESIGN	→	Design Project
PROJETO	→	Catálogo da Arjowiggins
DESCRIÇÃO	→	Este catálogo foi criado para promover a Arjowiggins Curious Collection, uma linha de papéis, cartões e materiais plásticos desenvolvidos em laboratório. Uma série de padrões gráficos mascara e destaca as áreas sem impressão, fazendo o designer mergulhar nas cores.

DESIGN	→	Charles S. Anderson Design
PROJETO	→	Material promocional para a French Paper
DESCRIÇÃO	→	A French Paper é a empresa de papel preferida da Charles S. Anderson, e sua paixão pela qualidade, pelo visual e pelo toque dos vários tipos de papel se manifesta no material promocional que criou para a marca. Este material com peças picotadas foi feito para compor um pacote de cartões de referência que apresentam os produtos da empresa.

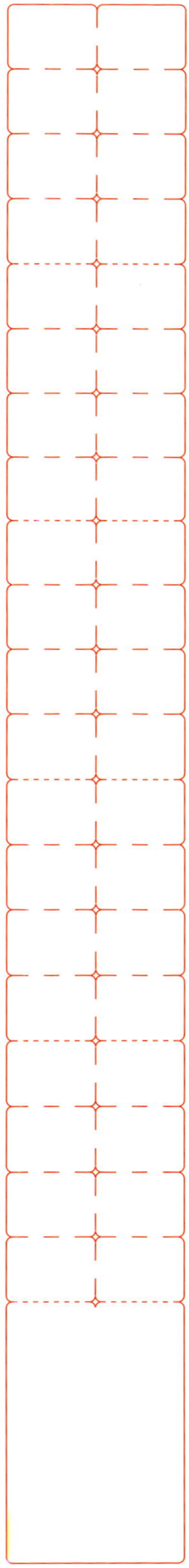

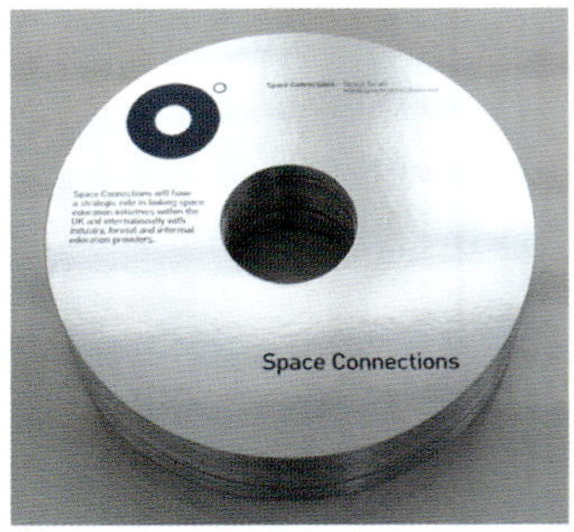

DESIGN	→	B&W Studio
PROJETO	→	Pasta e mala-direta promocionais
DESCRIÇÃO	→	Space Connections é uma iniciativa do governo inglês que promove a educação sobre o Espaço nas escolas. Para dar um ar espacial à pasta, foi usado um cartão laminado com filme metalizado Celloglas, com círculos em relevo seco que representam o sol, a lua e a Terra. A parte interna traz imagens totalmente sangradas, tiradas dos bancos de imagem da NASA e da ESA. Quando desdobrada, a pasta simula um satélite abrindo seus painéis. Para a mala-direta, o mesmo papel foi usado em formato de disco voador, com corte especial no centro.

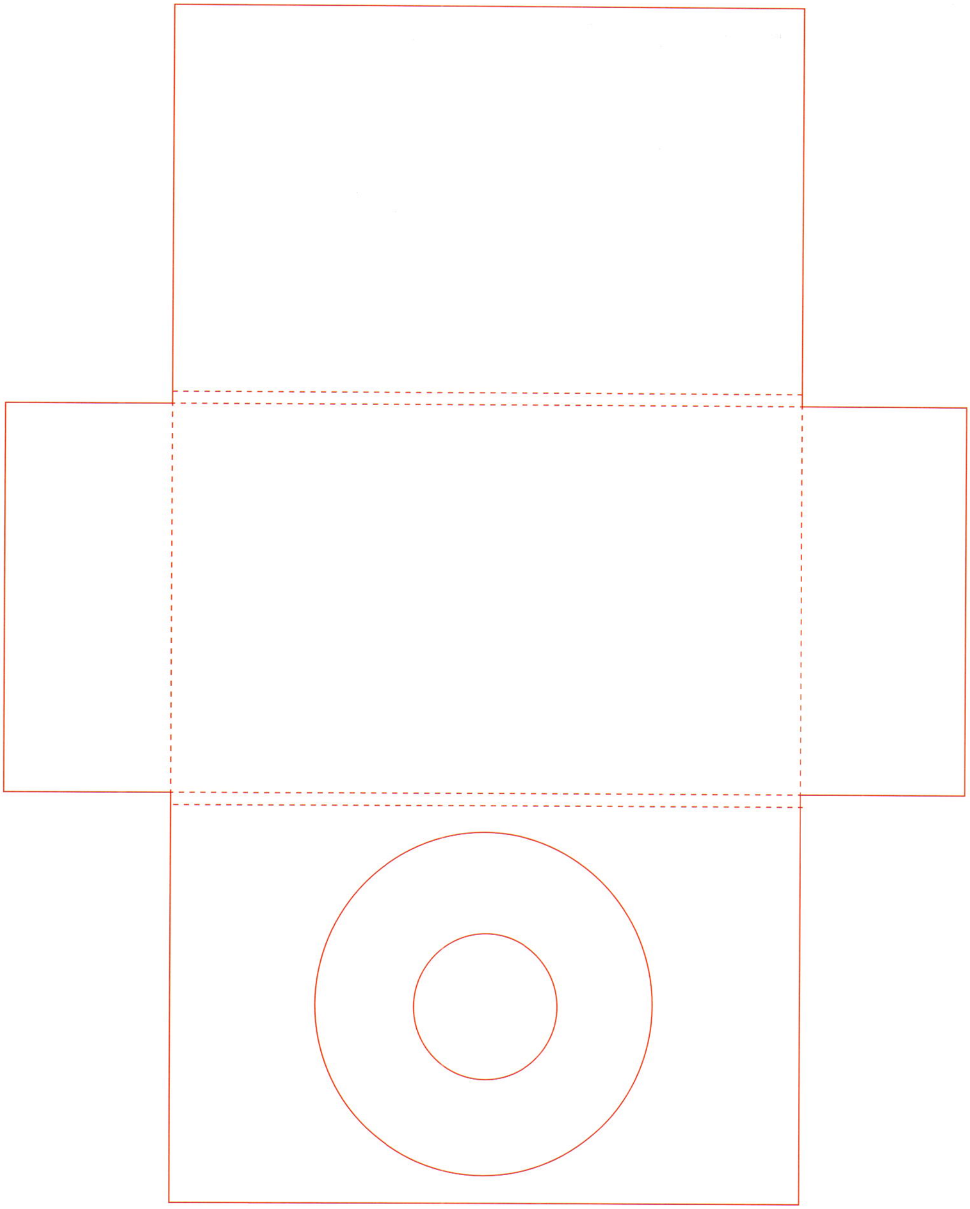

NIKE SHOX 2:45
NIKE SHOX 2:45
NIKE SHOX 2:45
NIKE SHOX 2:45
MORE GO
NIKE SHOX 2:45

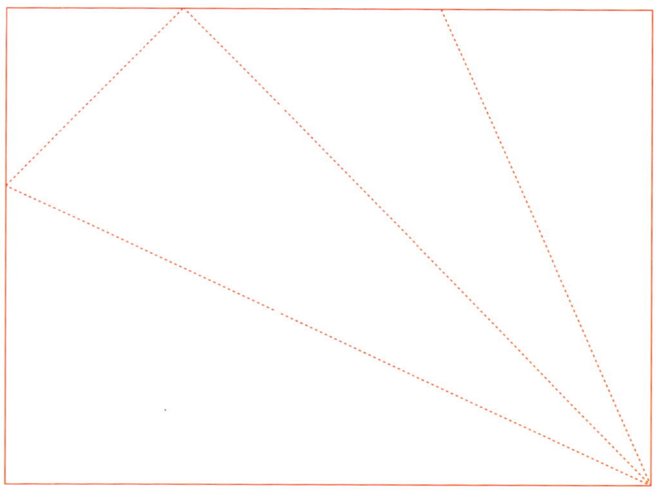

DESIGN	→	Tango
PROJETO	→	Display e folhetos de varejo para o lançamento do Nike Shox 2:45
DESCRIÇÃO	→	Os folhetos em tamanho A4 (210 x 297 mm), dobrados em formato pontiagudo aerodinâmico, são dispostos em uma caixa com corte especial e revestida em laminado fosco para compor um display 3D simples e impactante.

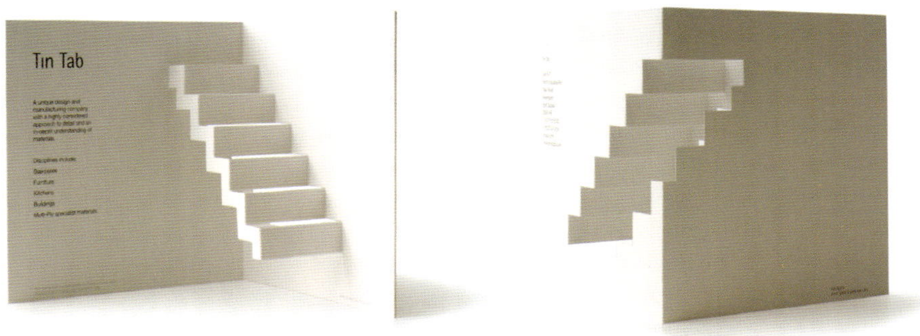

DESIGN	→	Aloof Design
PROJETO	→	Fôlder pop-up para Tin Tab
DESCRIÇÃO	→	A Tin Tab desenha e fabrica móveis contemporâneos e decora interiores públicos e comerciais. Ela procurou a Aloof Design para criar um fôlder que promovesse a sua *expertise*. Usando um formato de oito páginas, o estúdio criou uma escada em papel que se transforma em uma escada 3D à medida que o fôlder é aberto. Esse resultado foi atingido sem o uso de abas adesivas ou de fixação extra – a escada é feita simplesmente com corte especial e picote na folha plana.

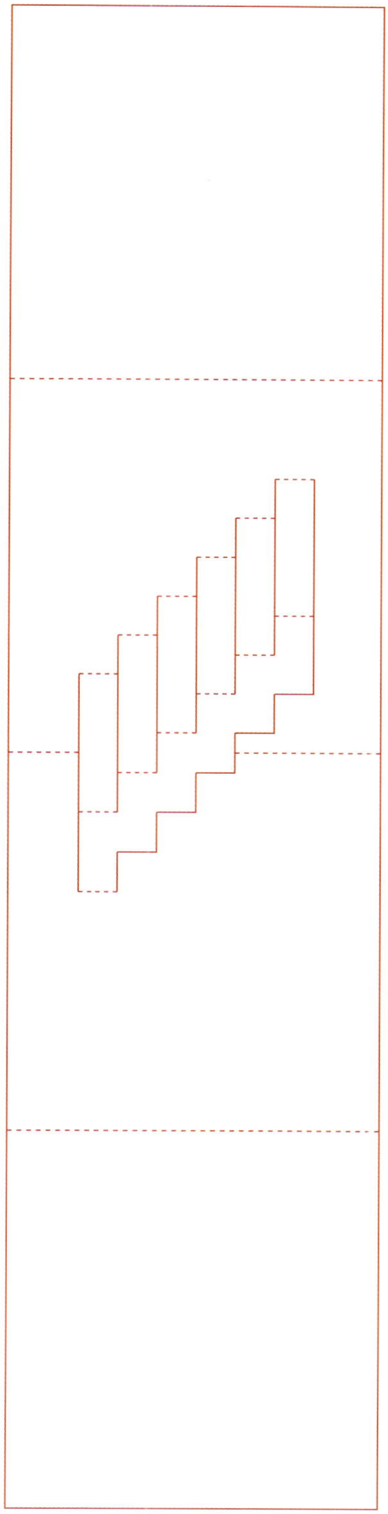

DESIGN	→	Lee Bradley Mark Starbuck
PROJETO	→	Catálogo Corporativo
DESCRIÇÃO	→	A sobrecapa prateada deste catálogo corporativo inspirado na ciência atua como uma pasta, guardando as páginas internas.

DESIGN	→	IE Design + Communications
PROJETO	→	Fôlder para Good Gracious! Events
DESCRIÇÃO	→	Usando um tom luxuoso de roxo, este fôlder para a Good Gracious! Events guarda o seu atributo mais impressionante e surpreendente até o último instante. A seção central é fechada com uma pequena colher dourada, que também funciona como um ponteiro, conduzindo o leitor para o nome da empresa – o que é contrastado pelo fundo em cor intensa.

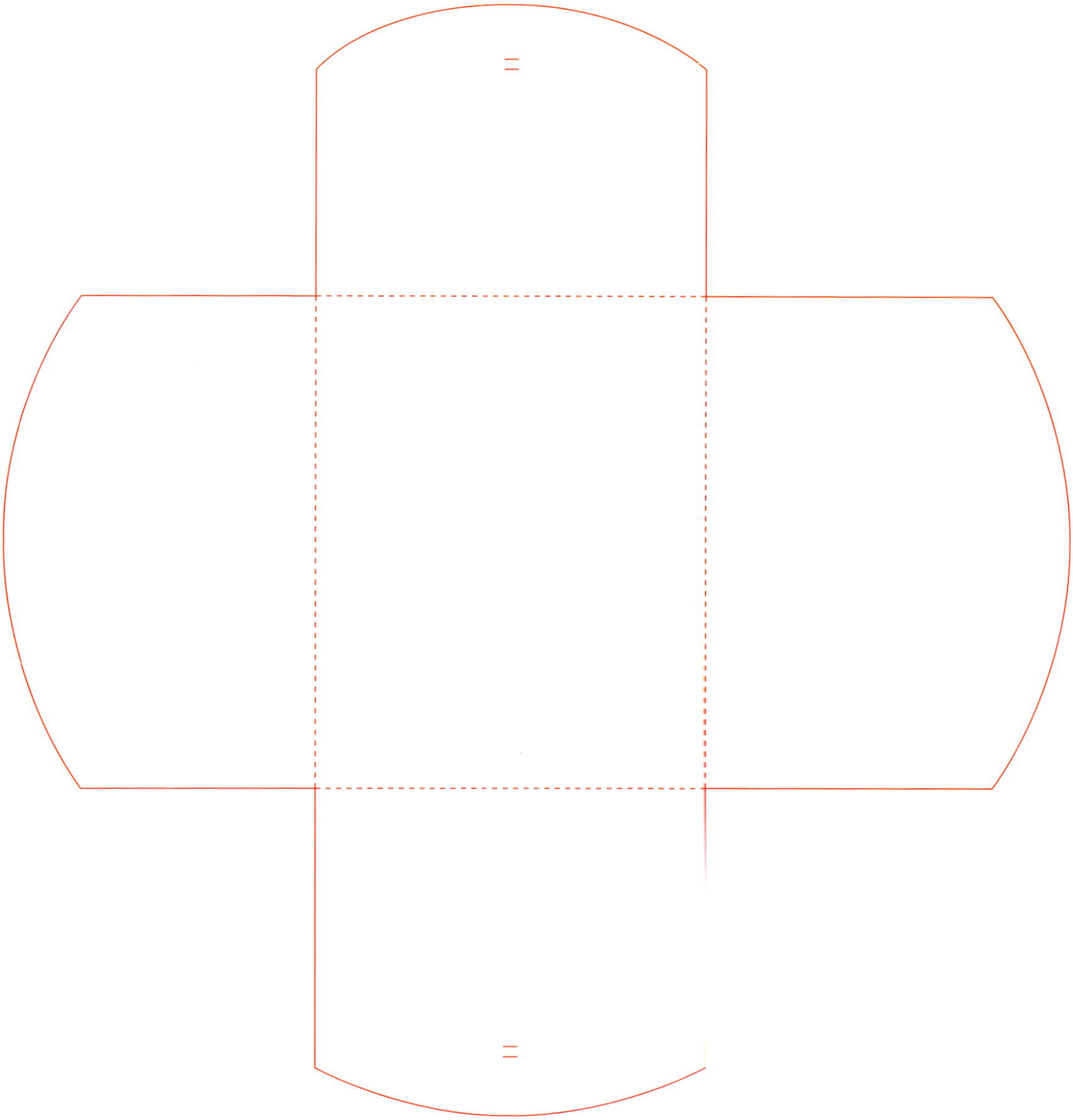

DESIGN	→	Dom Raban
PROJETO	→	Catálogo de fotografia
DESCRIÇÃO	→	Nos dois lados deste catálogo de fotografia acontece uma interação vibrante entre texto e imagem. As páginas dobradas em sanfona encaixam-se perfeitamente em uma pasta feita em cartão.

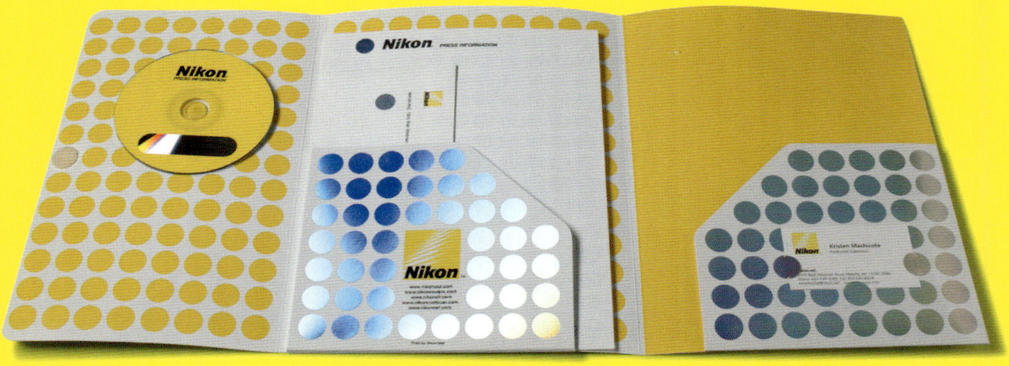

DESIGN	→	Mirko Ilić Corp.
PROJETO	→	Material de imprensa para Nikon
DESCRIÇÃO	→	Este kit brinca com os elementos da luz. O padrão de círculos da capa se repete em toda a pasta: bolsos impressos com círculos holográficos guardam as folhas de papel timbrado, que trazem círculos impressos em negativo; um CD amarelo é afixado sobre um fundo de círculos amarelos.

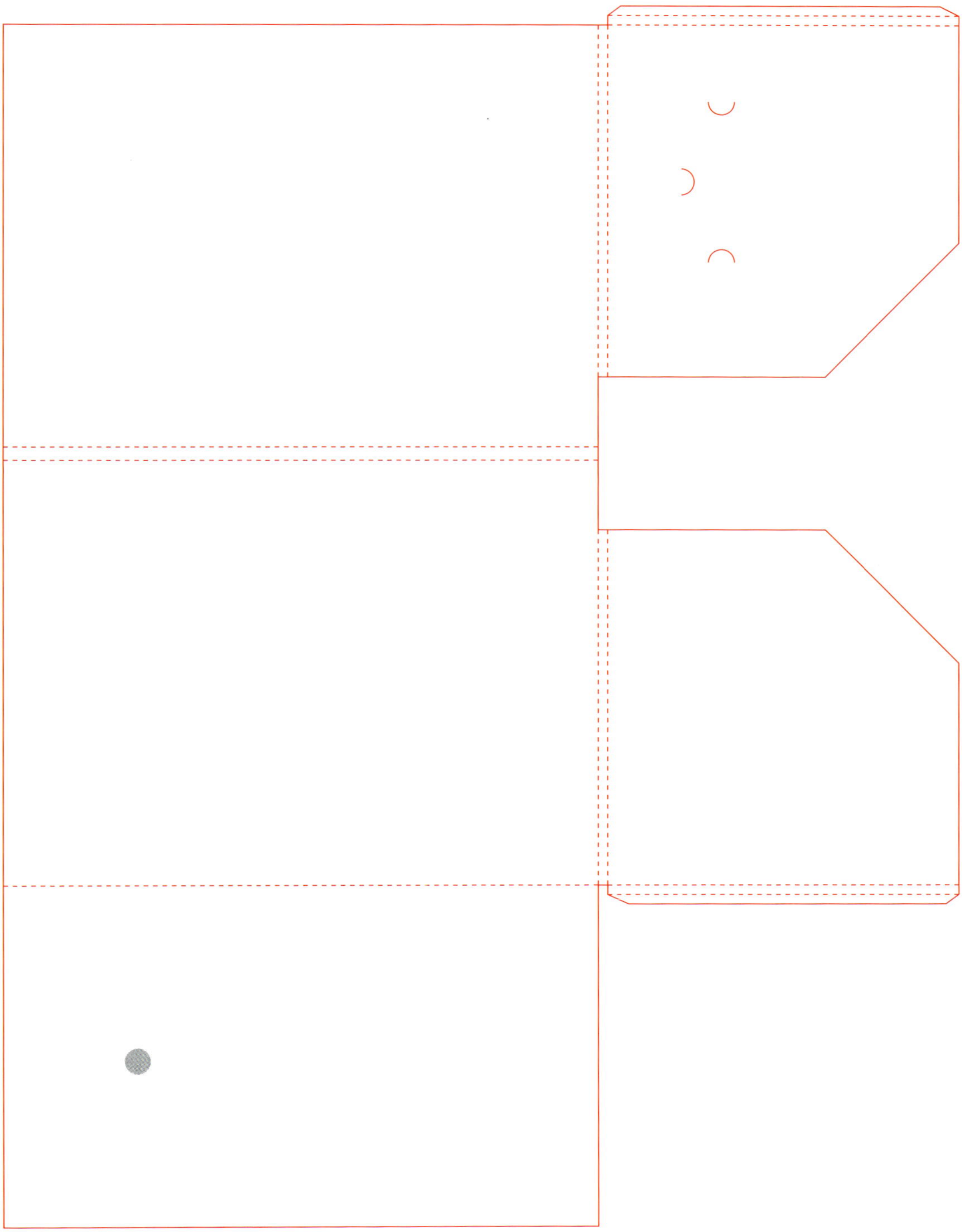

DESIGN	→	Kelly Hartman Design Studio
PROJETO	→	Catálogo de produtos para Keiser
DESCRIÇÃO	→	A Keiser atende o mercado de equipamentos de *fitness* de luxo, e o design de seu catálogo reproduz, de modo muito inteligente, os mecanismos e materiais comuns no ambiente das academias. O catálogo vem em um envelope em vinil vermelho vivo e tem uma forma irregular e encadernação mecânica.

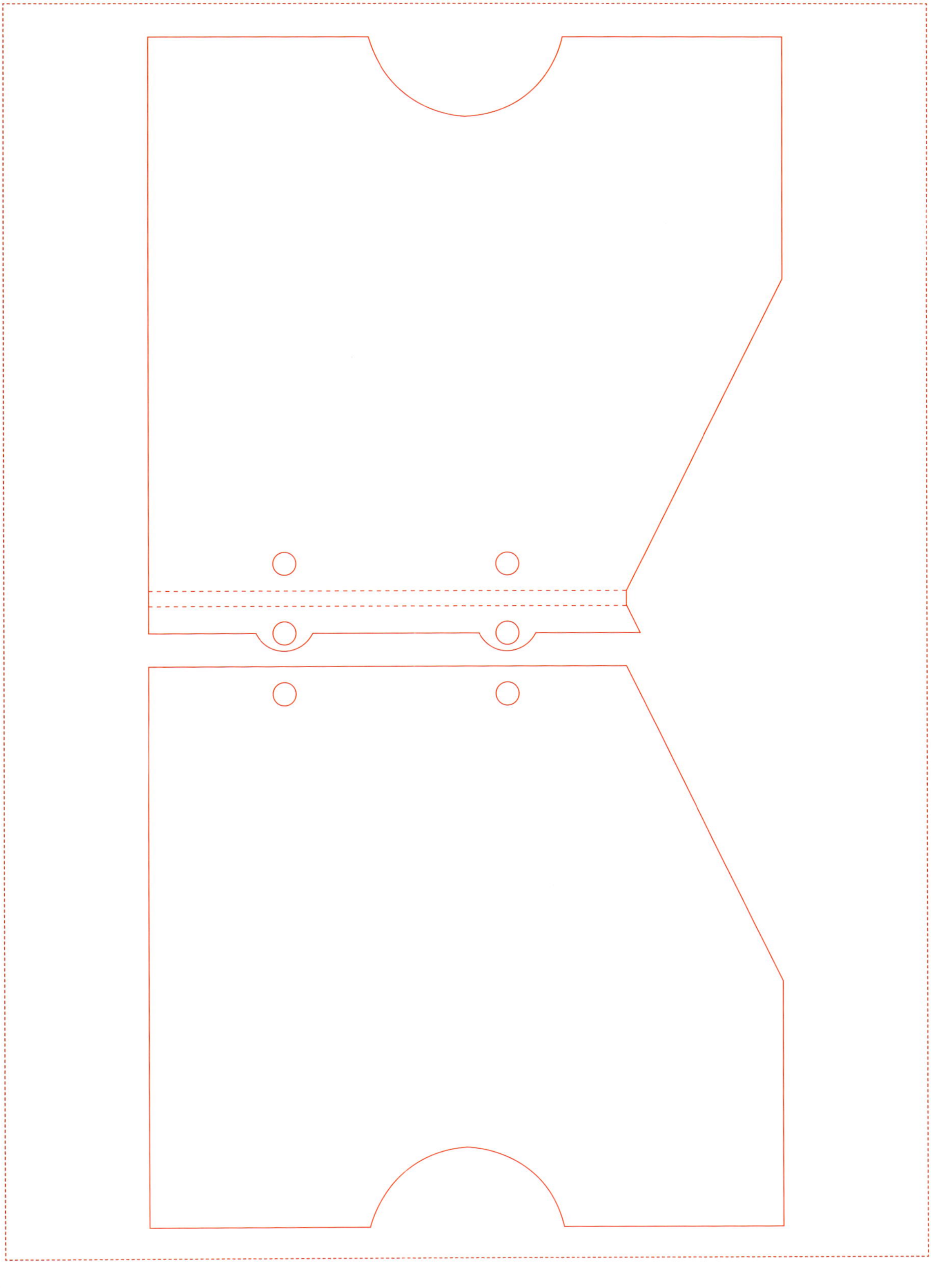

DESIGN	→	egg
PROJETO	→	Escala de cores autopromocional
DESCRIÇÃO	→	A egg criou esta escala de cores para comunicar o que descobriu em suas pesquisas: que há diferentes tons de consumidores verdes. Como a egg trabalha com marcas sustentáveis, a peça precisava ser feita de conteúdo altamente reciclado e usar tintas ecologicamente corretas à base de soja. O verniz deu o efeito brilhante de uma cartela de cores de tinta.

DESIGN	→	Surface/Miwa Yanagi
PROJETO	→	Monografia para Miwa Yanagi
DESCRIÇÃO	→	Esta monografia para o artista japonês Miwa Yanagi incorpora dois elementos muito diferentes. Dentro da capa, em dobra-janela de seis painéis, há, no lado esquerdo, uma seção colorida em dobra-sanfona e, no lado direito, um livro-texto monocromático com pequenas reproduções em preto e branco do trabalho juntamente com uma série de ensaios e entrevistas. Na seção sanfonada, imagem e texto envolvem as páginas dobradas, incentivando o leitor a abri-las.

DESIGN	→	Base Design
PROJETO	→	Lookbook para Women'secret
DESCRIÇÃO	→	Esta pasta com quatro painéis se abre para revelar seis pôsteres dobrados, cada um feito por um fotógrafo diferente. Nos painéis, as imagens receberam impressão sangrada total, criando harmonia entre as fotografias coloridas e as em preto e branco, enquanto as dobras agem como um grid, enquadrando as imagens.

DESIGN	→	Oliver Walker
PROJETO	→	Catálogo de moda para Levi's Vintage Clothing
DESCRIÇÃO	→	Com um estojo em papel-cartão cinza, feito sob medida, este livro da Levi's Vintage Clothing tem um estilo gráfico bastante solto. A impressão do estojo foi feita em uma cor com serigrafia e o título impresso recebeu relevo seco. Um corte especial circular revela um fôlder de 16 partes dobradas e mais duas folhas de papel-cartão cinza com compartimentos para slides 35mm.

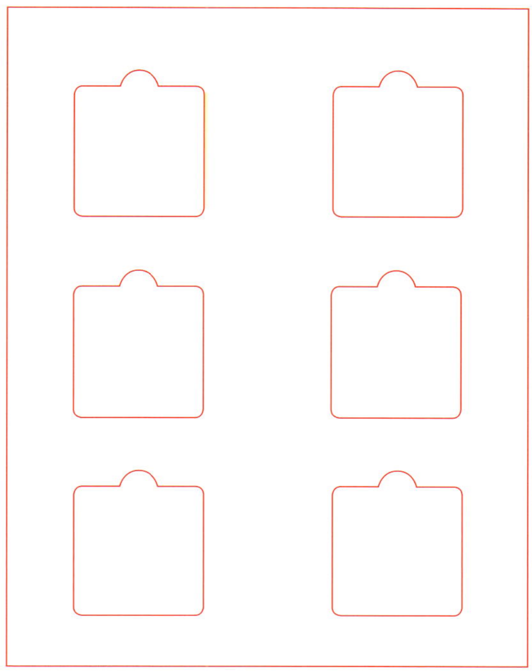

DESIGN	→	sans+baum
PROJETO	→	Livreto para Civic Trust Awards Anniversary
DESCRIÇÃO	→	Este livreto, produzido para celebrar o 40º aniversário do Civic Trust Awards, prêmio de arquitetura do Reino Unido, vem embalado em filme de plástico encolhível. Feito a partir de uma só folha de papel, o livreto foi dobrado e encadernado com lombada canoa, mas as bordas dobradas não foram cortadas – o leitor deve finalizar esse processo para ler o material.

DESIGN	→	Struktur Design
PROJETO	→	Fôlder da Bluebridge
DESCRIÇÃO	→	Este fôlder para uma empresa de recursos humanos utiliza a identidade da empresa como base para o seu formato, com o quadrado verde-limão da marca sendo repetido na capa. O fôlder é formado por uma série de dobras-sanfona escalonadas, ficando uma faixa de cada seção visível na capa. À medida que as seções são desdobradas, as informações sobre a empresa são reveladas, enquanto o grande quadrado verde permanece inteiro.

DESIGN	→	Rose Design
PROJETO	→	Livreto de exposição
DESCRIÇÃO	→	Este livreto elegante, produzido para uma exposição de fotografias dos artistas Barbara e Zafer Baran na Blue Gallery, em Londres, mistura imagens e ensaios de maneira inusitada. A seção de ensaios, com 16 páginas, é impressa em papel cinza não revestido e a lombada canoa é grampeada à capa em papel-cartão. As imagens são impressas em quatro cores sobre papel-cartão de alta gramatura, que compõe a capa e uma seção de 12 painéis em sanfona na quarta capa.

DESIGN	→	Eg.G
PROJETO	→	Portfólio para Quarantine
DESCRIÇÃO	→	Produzido para uma companhia de teatro, este livreto apresenta os projetos, as ideias e as pesquisas do grupo. A capa de seis painéis envolve o livreto a partir da quarta capa, unida ao corpo do livreto com encadernação em parafusos.

DESIGN	→	Base Design
PROJETO	→	Lookbook para Women'secret
DESCRIÇÃO	→	As páginas deste catálogo de moda receberam dobra francesa e são unidas por um simples elástico, mantido no lugar por cortes feitos nas bordas superior e inferior da capa e das páginas.

DESIGN	→	Kinetic
PROJETO	→	Material promocional para Hong Leong Holdings
DESCRIÇÃO	→	Tate é um complexo de apartamentos de luxo localizado no centro de Cingapura. A Kinetic levou as formas e ângulos da arquitetura dos edifícios para o material promocional; os materiais usados refletem os materiais encontrados no interior dos edifícios e incluem papel especial de textura suave, metal e couro. O desenho do corte especial foi inspirado pelos elementos estruturais dos edifícios.

DESIGN	→	Aloof Design
PROJETO	→	Catálogo para Georgina Goodman
DESCRIÇÃO	→	Este catálogo promocional da designer Georgina Goodman foi projetado de modo a ser suficientemente flexível para acomodar uma coleção de sapatos, acessórios e paleta de cores que nunca para de crescer. O catálogo apresenta dobra-sanfona, com as longas páginas impressas dobradas para dentro e para fora em zigue-zague.

DESIGN	→	Blok Design
PROJETO	→	Material promocional para The Production Kitchen
DESCRIÇÃO	→	A The Production Kitchen dedica-se a produzir e imprimir projetos criativos para os setores de design e publicidade. A escolha de materiais da Blok influenciou o aspecto experimental do design impresso: o estúdio criou um catálogo flexível em que as partes podem ser alternadas e atualizadas sem a necessidade de reimprimir o projeto inteiro, com cada elemento embalado em uma pasta em papel-cartão.

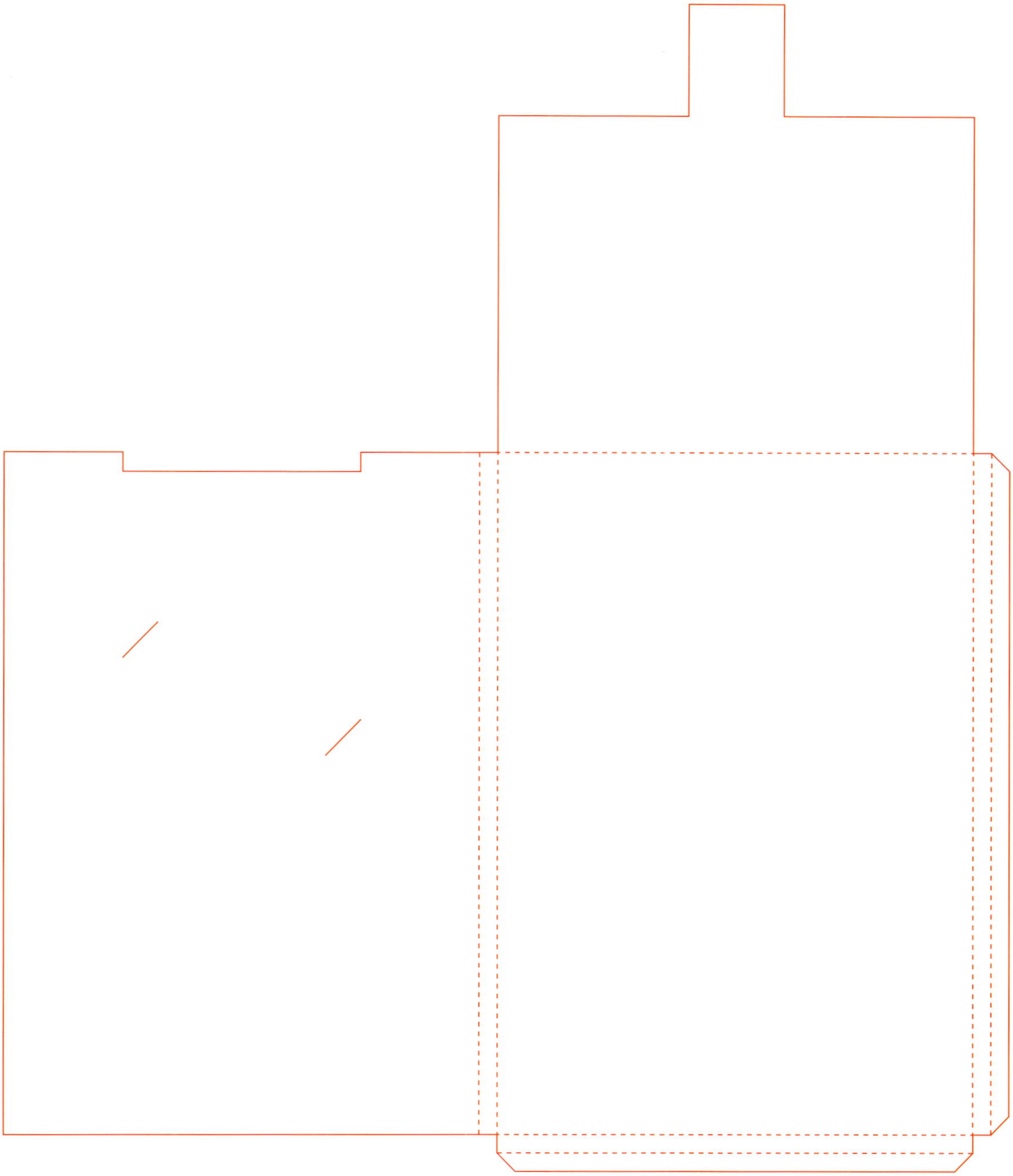

DESIGN	→	Deep
PROJETO	→	The Ritz Club
DESCRIÇÃO	→	A Deep criou esta caixa promocional como parte da marca Ritz, que engloba um hotel, um clube, uma joalheria de luxo e jogos online.

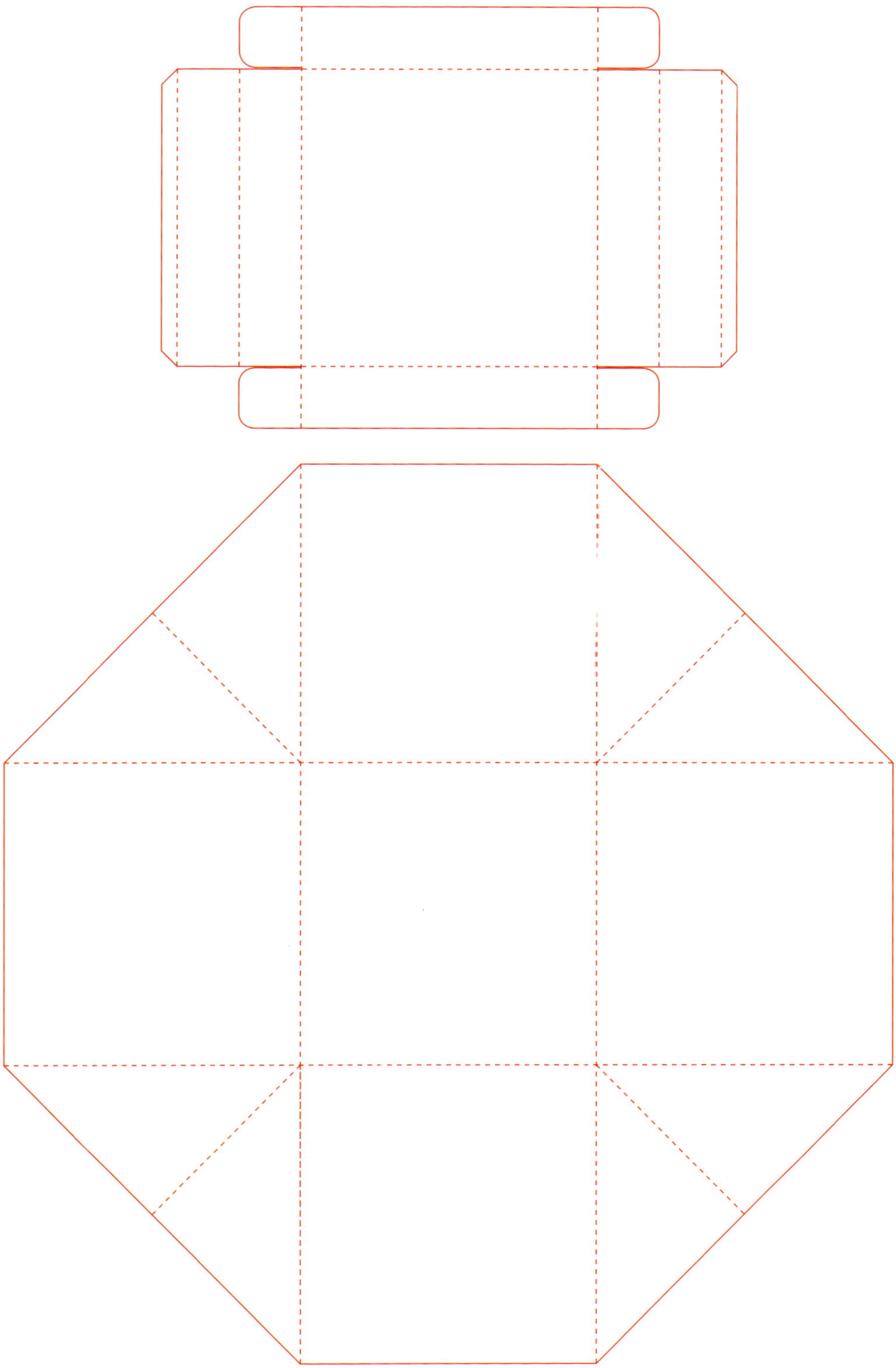

DESIGN	→	BB/Saunders
PROJETO	→	Material de apoio da UBS Openings
DESCRIÇÃO	→	A BB/Saunders produziu uma série de materiais de apoio para a UBS Openings, um programa de amplo alcance focado na Tate Modern Collection. O material inclui um convite, um RSVP, cartão de entrada, um programa dos eventos e um brinde, tudo em uma pasta desdobrável lacrada com tira picotada.

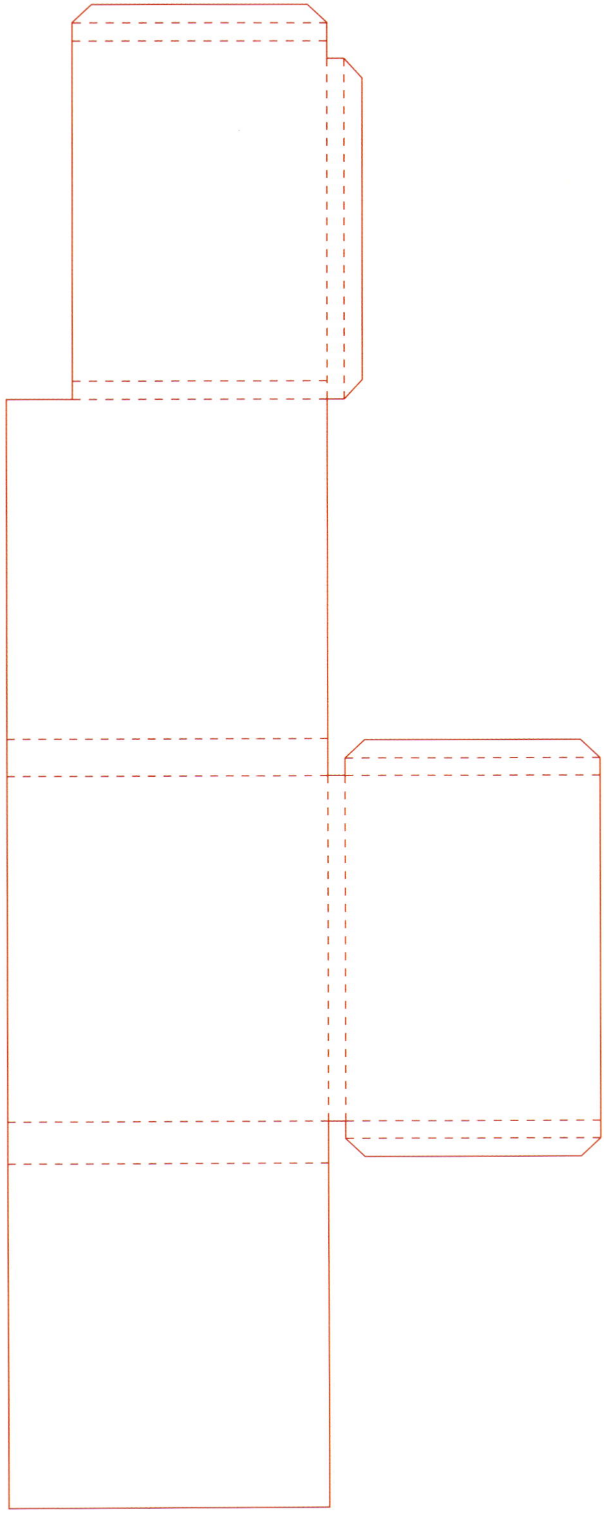

DESIGN	→	Radford Wallis
PROJETO	→	Newsletter para Land Securities
DESCRIÇÃO	→	A empresa desenvolvedora de propriedades comerciais Land Securities produz newsletters trimestrais para que a comunidade local saiba o que está acontecendo em seus canteiros de obras. Essas newsletters precisavam ser seladas sem o uso de elementos extras, então a Radford Wallis criou uma sanfona que, além de incorporar a manchete, mantém o cartão de resposta no lugar e se dobra em si mesma para fechar. A capa também apresenta uma porta com corte especial.

02

CARTÕES COMEMORATIVOS E CONVITES

DESIGN	→	Wink
PROJETO	→	Porta-joias
DESCRIÇÃO	→	Esta embalagem foi desenhada no formato de uma bolsa feminina e utiliza técnicas tradicionais, como tipografia, corte especial, ilustração em serigrafia e etiquetas amarradas à mão. O porta-joias recebeu corte especial e cartão com dois tons de marrom feitos em serigrafia.

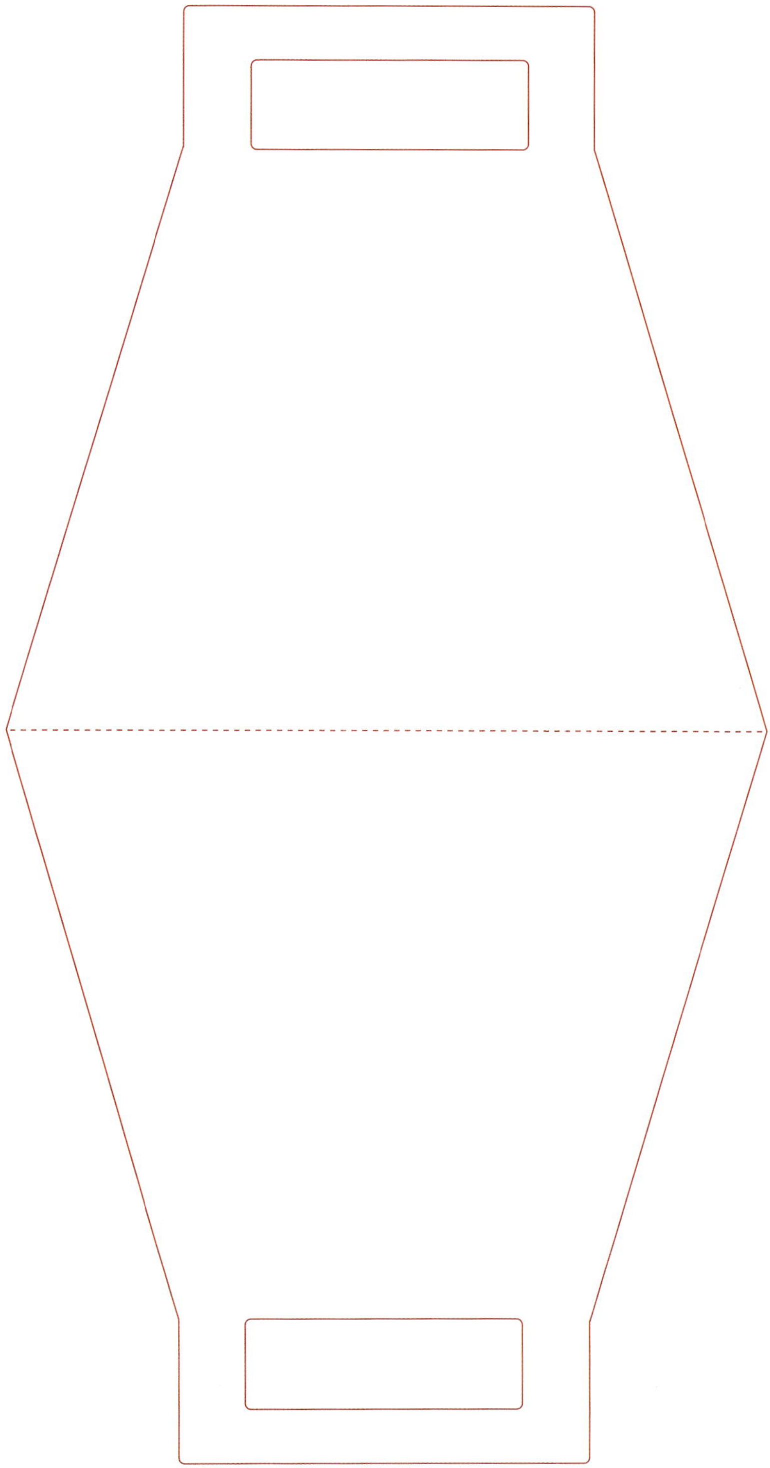

DESIGN	→	Aloof Design
PROJETO	→	Convite Eureka
DESCRIÇÃO	→	Eureka é uma iniciativa britânica que busca levar novos designs ao consumidor. A Aloof Design foi contratada para desenvolver um convite e um fôlder de custo relativamente baixo para o show da Eureka. O estúdio desenhou um convite de oito páginas com um mecanismo de dobra original que é, ao mesmo tempo, impactante e funcional.

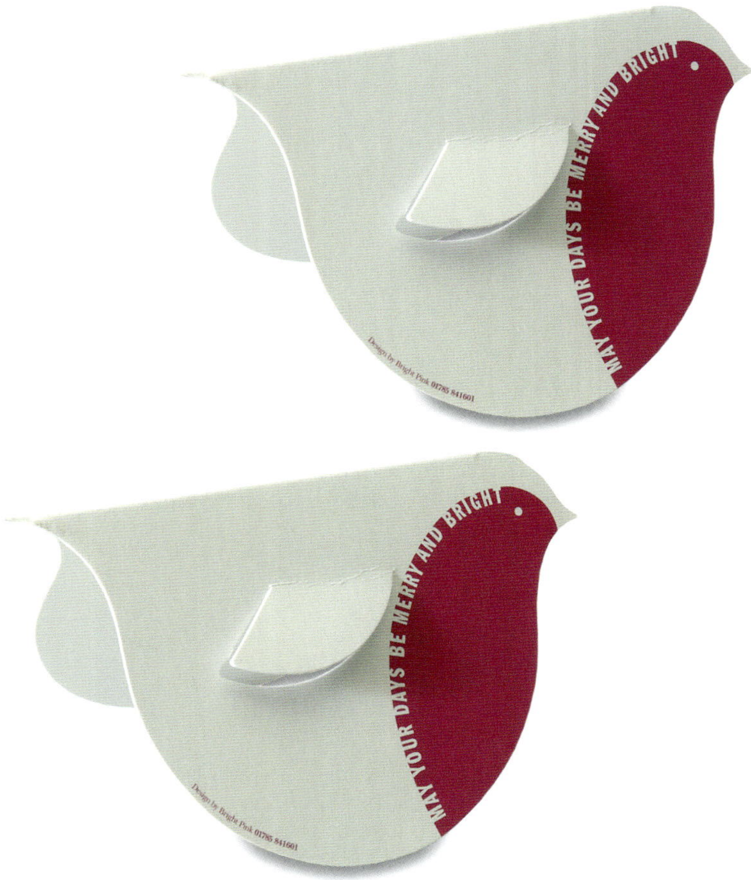

DESIGN	→	Bright Pink
PROJETO	→	Cartão de Natal Rocking Robin
DESCRIÇÃO	→	Este pequeno *rocking robin* (ou pintarroxo) em cor-de-rosa abre um sorriso no rosto de qualquer pessoa que o receba, pois se mexe para frente e para trás pela barriga. Seu formato e movimento fazem ele, inevitavelmente, se destacar de outros cartões de Natal.

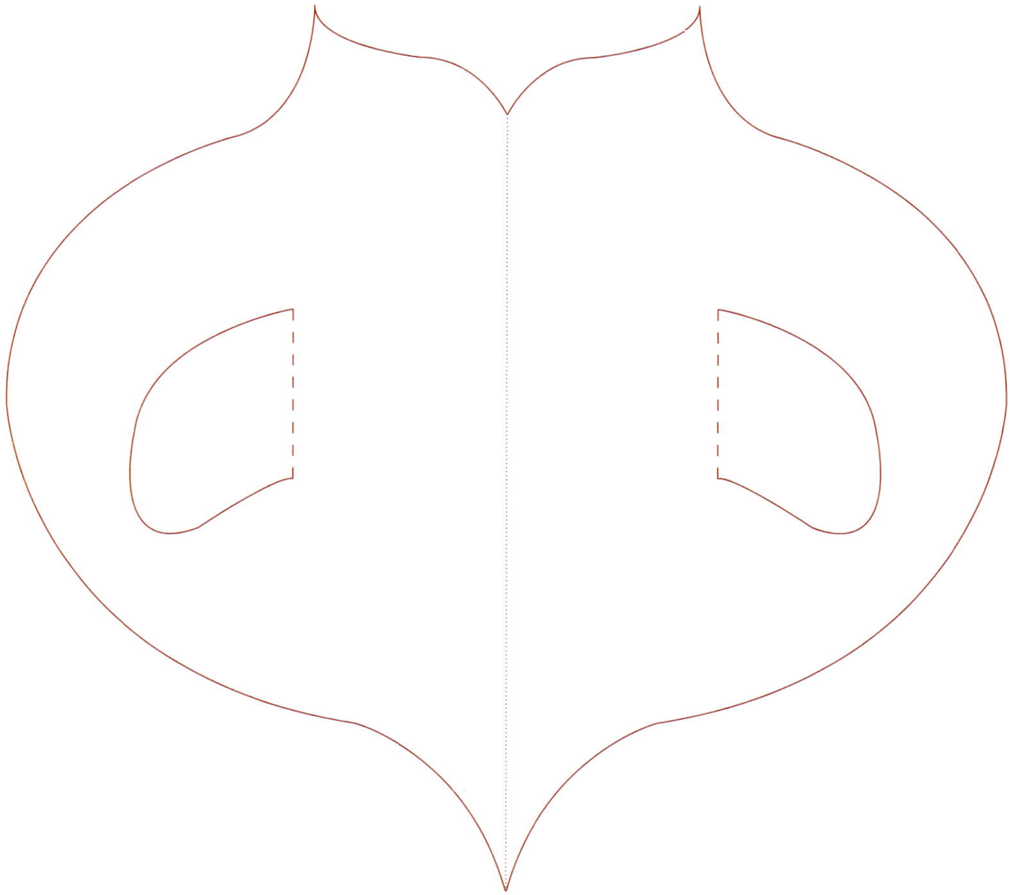

DESIGN	→	Iwantdesign
PROJETO	→	Convite para Chiltern St. Studio
DESCRIÇÃO	→	Na criação deste convite para um evento de moda, o Iwantdesign usou as cores da temporada (branco e dourado). O convite para os homens foi impresso em papel-bíblia com tinta metálica dourada, e o convite feminino utilizou tinta branca opaca serigrafada sobre papel de seda com acabamento metálico dourado. Os dois convites foram desenhados para serem desdobrados e virarem um pôster de exposição.

DESIGN	→	Nick Clark Design
PROJETO	→	Convite para Royal Bank of Scotland
DESCRIÇÃO	→	Este convite foi finalizado à mão com maçarico, selos de cera, uma faca de pão grande e spray para cabelo. Cada convite foi rasgado, também manualmente, para criar bordas irregulares, cortado nas laterais com a faca de pão, queimado com o maçarico, cuidadosamente espanado e protegido do excesso de borrões com spray para cabelo. Os convites foram então dobrados e selados com cera e uma fita de tartan, como antigamente.

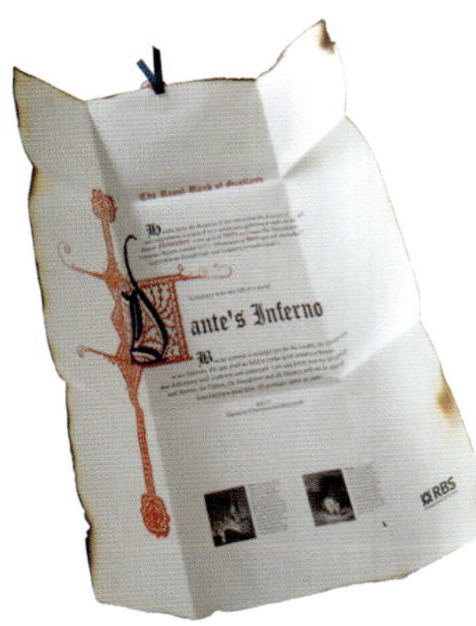

DESIGN	→	Ryan Burlinson
PROJETO	→	Convite de casamento
DESCRIÇÃO	→	Ryan Burlinson produziu o seu próprio convite de casamento em duas cores combinando tipografia profissional com impressão simples a laser e a jato de tinta. Com uma tiragem pequena, de 250 convites, ele conseguiu fazer vários elementos sozinho – o logotipo em relevo seco foi feito com um gofrador manual barato. Os envelopes em marrom-chocolate foram modificados com o auxílio de um molde de corte feito em casa.

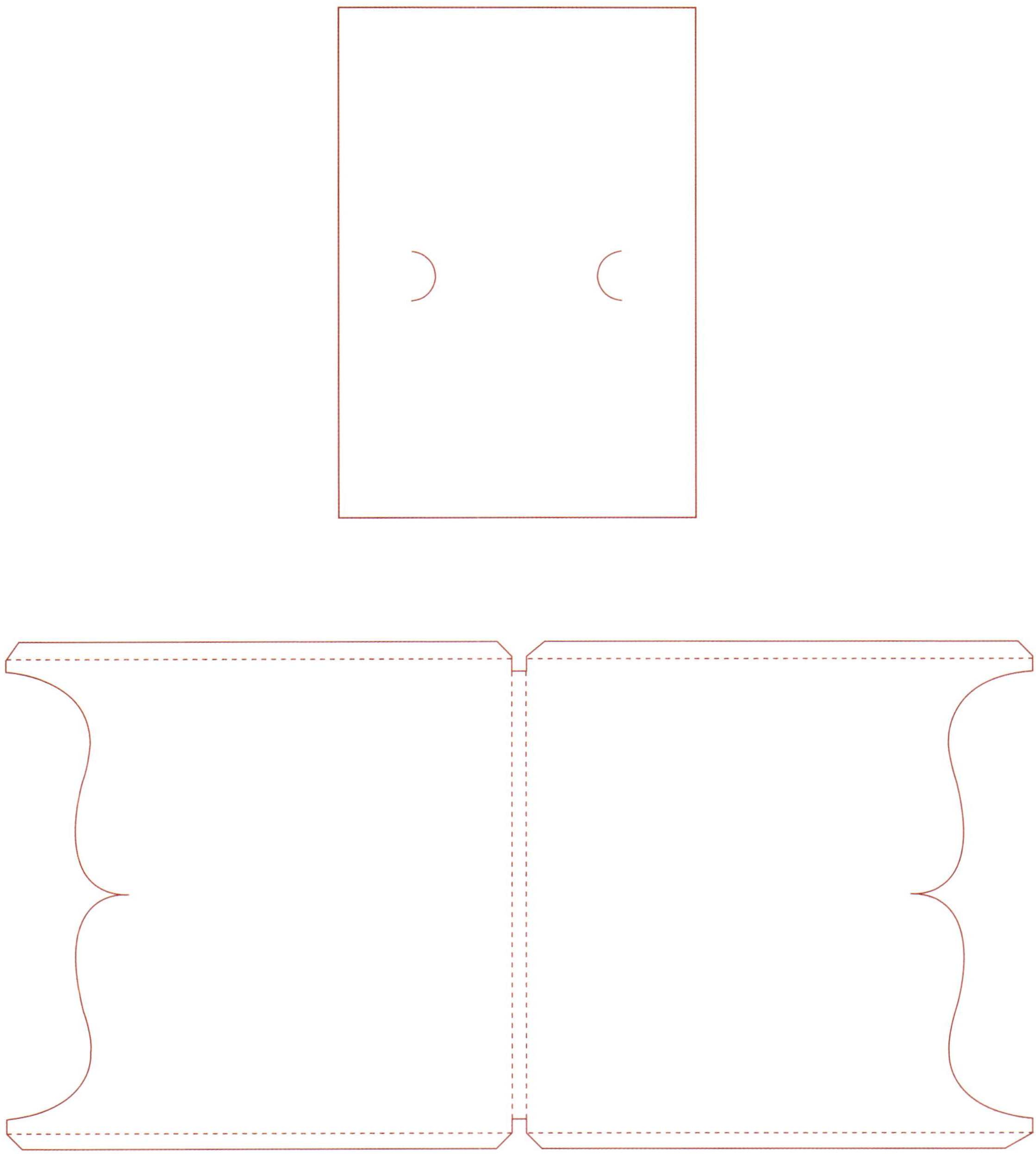

DESIGN	→	BB/Saunders
PROJETO	→	Convite para UBS Openings
DESCRIÇÃO	→	As ilustrações sobrepostas de flores de cerejeira foram impressas por serigrafia e unidas a um mecanismo de dobra incomum para refletir os temas do evento. O convite e o RSVP foram enviados por correio em um envelope fechado com uma dobra de origami bastante complexa.

DESIGN	→	Aloof Design
PROJETO	→	Convite para The Brand Distillery
DESCRIÇÃO	→	O convite amarrado manualmente feito para o lançamento da U'Luvka Vodka Magnum foi uma resposta direta da Aloof aos valores fundamentais da marca: simplicidade, sexo, feminilidade, luxo, beleza, estilo e a herança polonesa da receita da vodka. Uma das técnicas de impressão usadas foi o hot stamping brilhante sangrado na capa, com hot stamping branco no verso. O convite também recebeu corte especial, foi perfurado, picotado, dobrado e amarrado à mão.

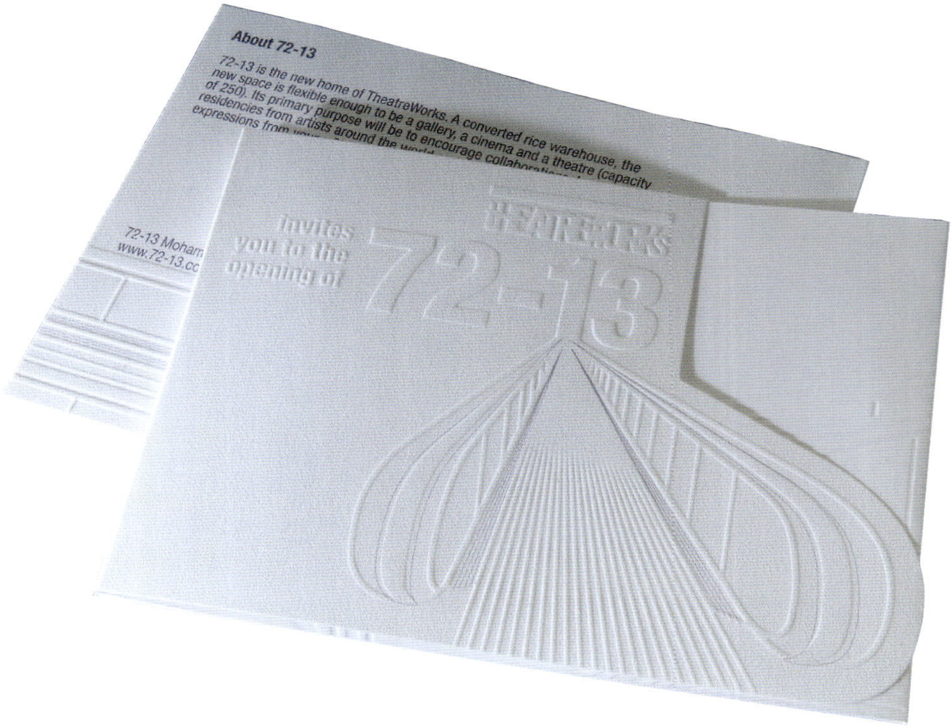

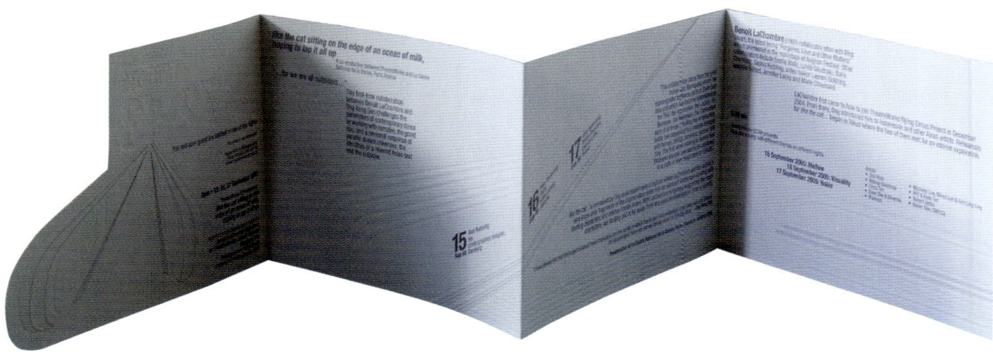

DESIGN	→	fFurious
PROJETO	→	Convite para TheatreWorks
DESCRIÇÃO	→	Este convite para uma galeria e espaço de artes contemporânea utiliza o ícone gráfico de uma escada rolante para sugerir a natureza transitória do espaço, onde os visitantes podem entrar com certas ideias em mente e sair com outras. O convite foi impresso em uma cor e o ícone de escada rolante foi feito em relevo seco.

Autumn | Winter 2004
Autumn | Winter 2002
Spring | Summer 2005
Spring | Summer 2004
Spring | Summer 2003
Autumn | Winter 2003
OZWALD BOATENG

DESIGN → Yang Rutherford

PROJETO → Lookbook para Ozwald Boateng

DESCRIÇÃO → O design destes lookbooks da coleção de Ozwald Boateng é influenciado pelo tema e pelos esquemas de cor de cada estação. Duas gramaturas diferentes de papel Maine Club Gloss dão coesão à capa e ao interior em dobra-sanfona. O papel couché brilhante é o substrato ideal para mostrar as cores vibrantes e o preto elegante, ambos elementos presentes na marca de Boateng.

DESIGN	→	johnson banks
PROJETO	→	Cartão comemorativo próprio
DESCRIÇÃO	→	Convidada a ter um estande no festival de verão anual do Victoria and Albert Museum, em Londres, a consultoria de design johnson banks decidiu montar a sua própria agência de correio. A empresa precisava de um produto para vender, e a ideia de "enviar uma carta" acabou evoluindo para um divertido cartão-postal de alfabeto, composto por 26 letras feitas por corte especial, todas com fontes diferentes.

DESIGN	→	Think Tank Media
PROJETO	→	Megafones para Franz Ferdinand
DESCRIÇÃO	→	A banda escocesa Franz Ferdinand utilizou uma arte icônica influenciada pelo construtivismo na capa de seu segundo álbum. Para promovê-lo, a Think Tank Media produziu um kit de sobrevivência em festivais para estudantes, incluindo um megafone que dá vida 3D à capa por meio de uma construção simples de dobras em papel suficientemente barata para ser produzida e distribuída em grandes quantidades.

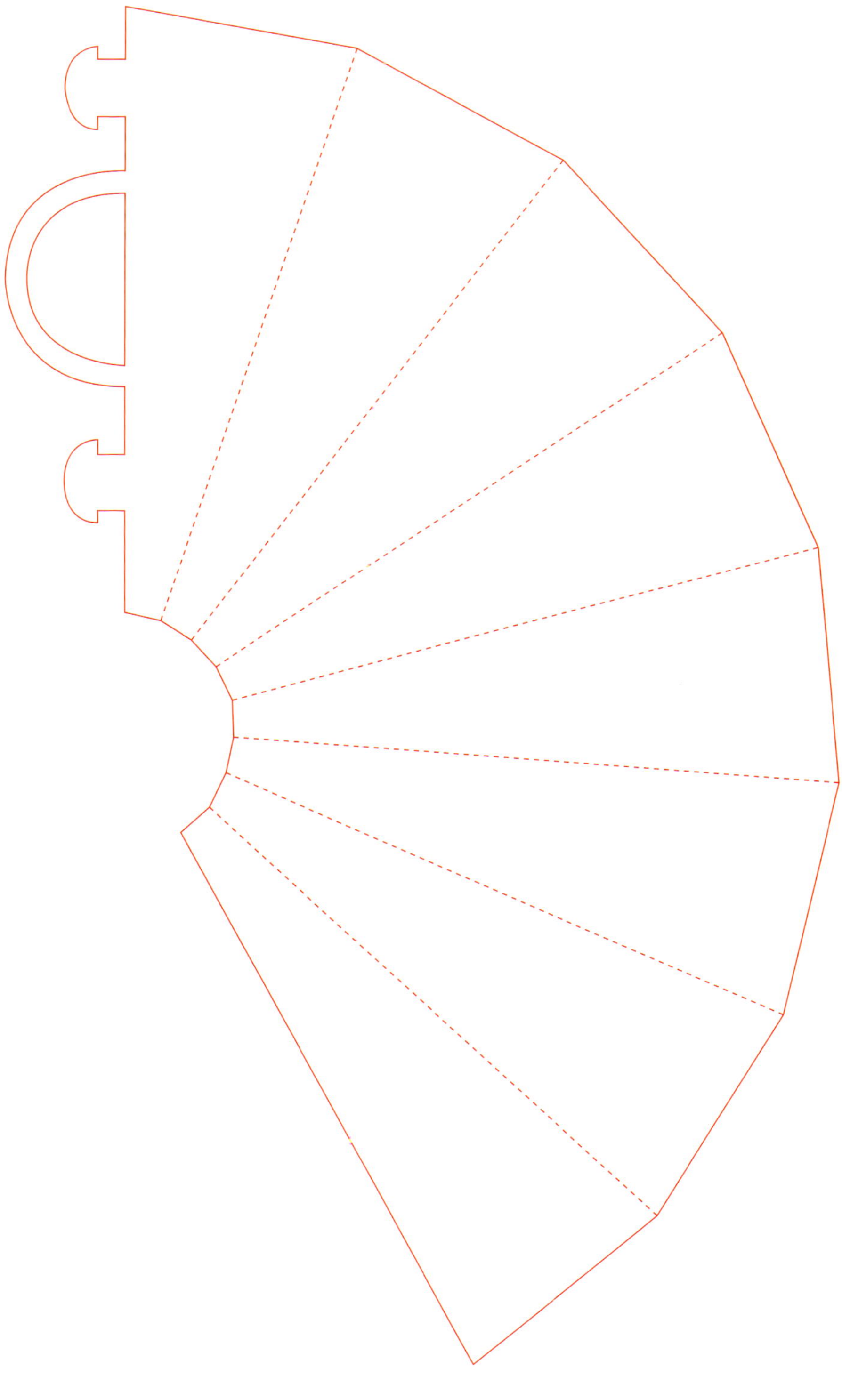

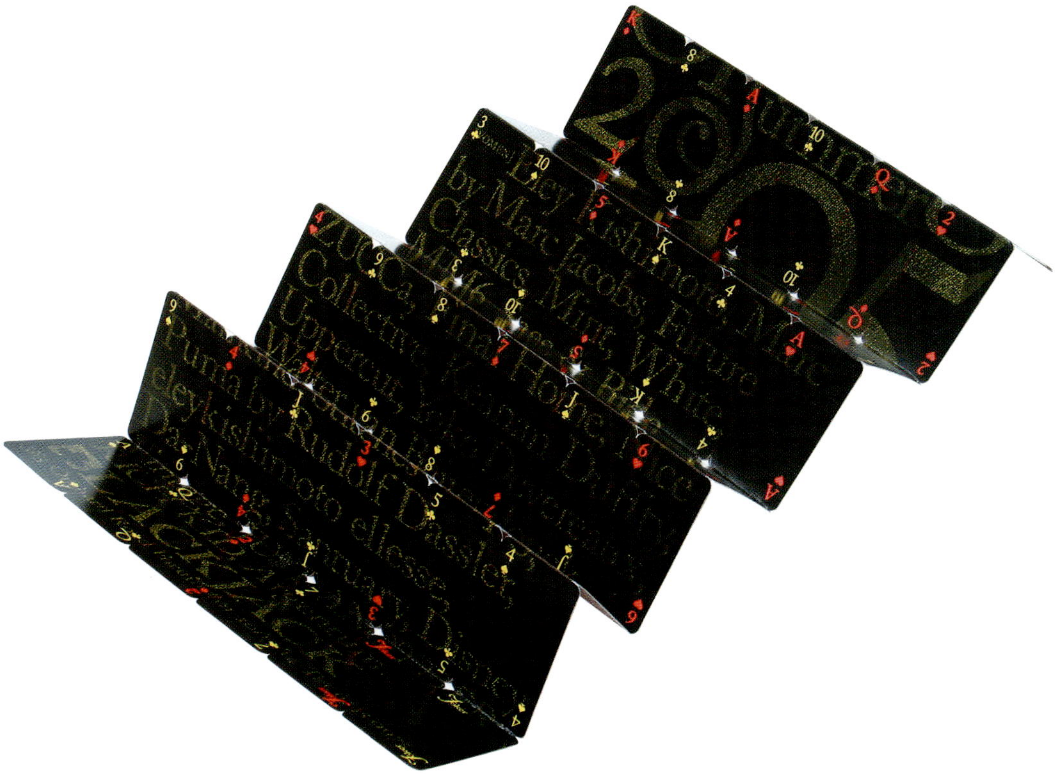

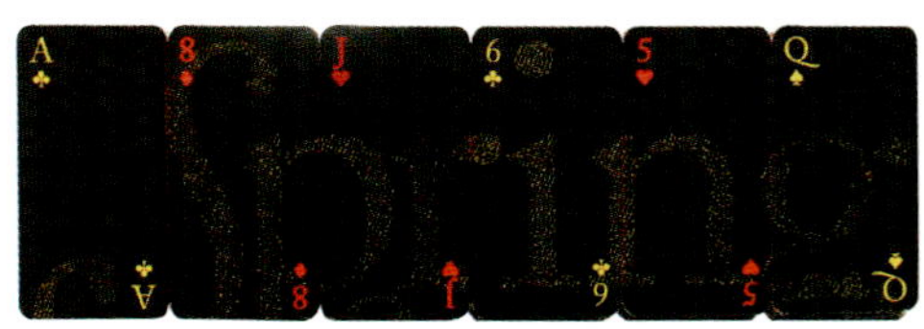

DESIGN	→	Neighbor
PROJETO	→	Mala-direta para BlackJack, Club 21
DESCRIÇÃO	→	Uma das principais lojas de moda de Cingapura, a BlackJack contratou a Neighbor para criar uma mala-direta para promover a sua coleção de primavera/verão. Inspirada no nome BlackJack e no de seu grupo controlador, o Club 21, a Neighbor produziu uma mala-direta desdobrável com os nomes das marcas estilizados, impressos sobre uma folha de papel artístico especial* de gramatura 300g/m^2 com 54 cartas de jogo não cortadas.

* N. de R.T.: Em inglês, *art board*. Pode-se entender como equivalente a um papel especial encorpado e não revestido, de alta gramatura, utilizado por artistas, por exemplo, para aquarela, pastel, etc. No Brasil, normalmente utilizamos a marca do fabricante para designar esse tipo de produto, como Canson, Fabriano, Bristol, etc., mas encontra-se também o termo "papel layout" em alguns casos.

03

CDS E DVDS

DESIGN	→	Vaughan Oliver e Chris Biggs da v23
PROJETO	→	Cocteau Twins: CD para Lullabies to Violane
DESCRIÇÃO	→	Este conjunto de quatro CDs de singles foi empacotado à mão com luvas antiestáticas para evitar marcas na embalagem.

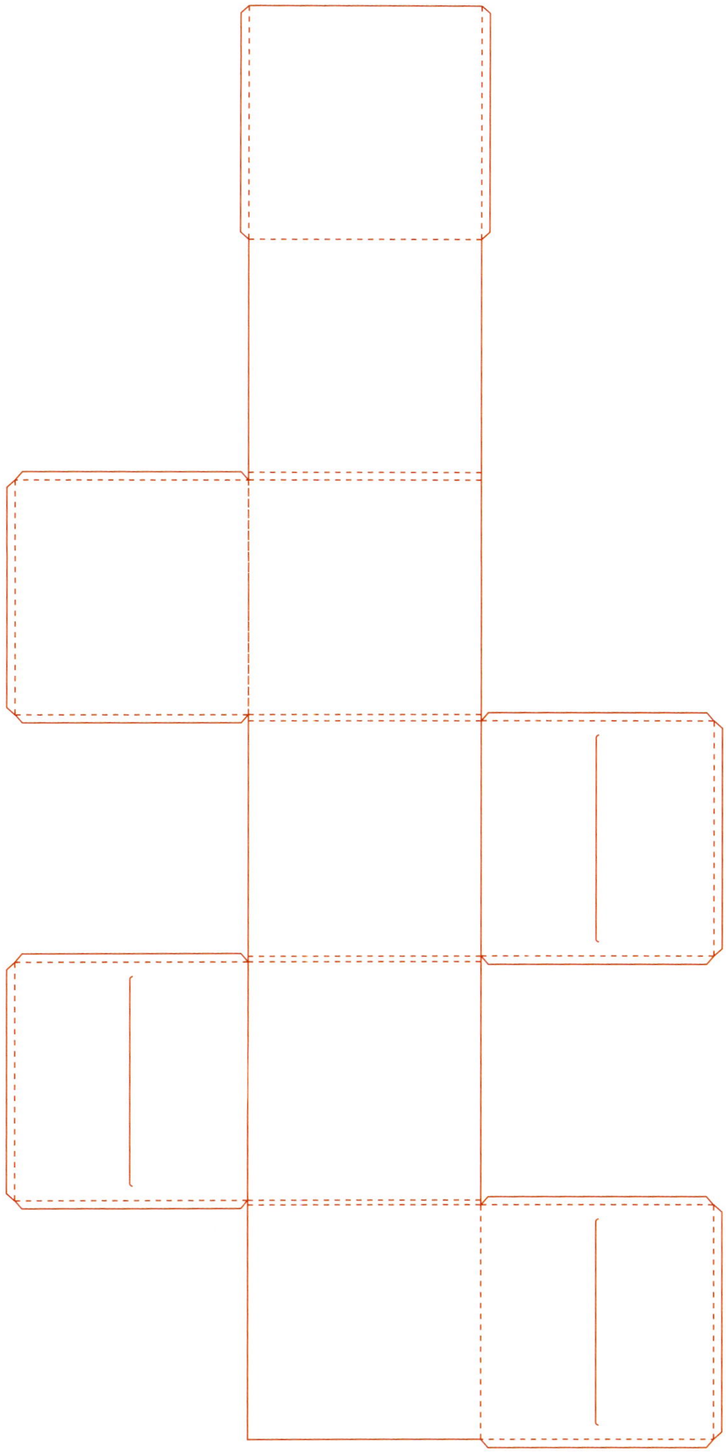

DESIGN	→	Red Design
PROJETO	→	Embalagem de CD para Lucky Jim
DESCRIÇÃO	→	Esta embalagem de CD de edição limitada foi feita com materiais de aparência natural que representam a natureza autóctone da música de Lucky Jim. A caixa em papelão contém um pôster impresso em papel de baixa gramatura, envelopes em papel-manilha e fotografias com alto brilho.

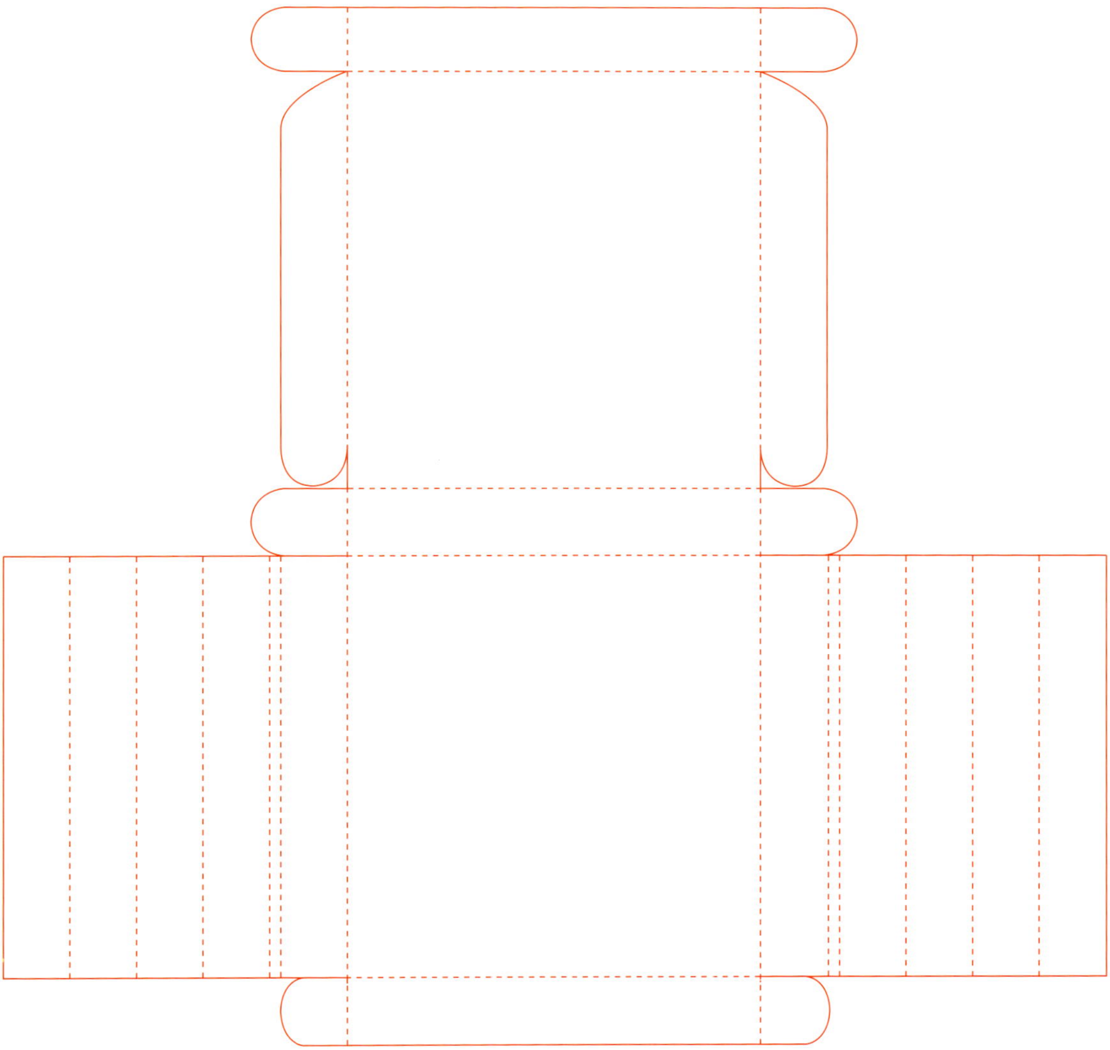

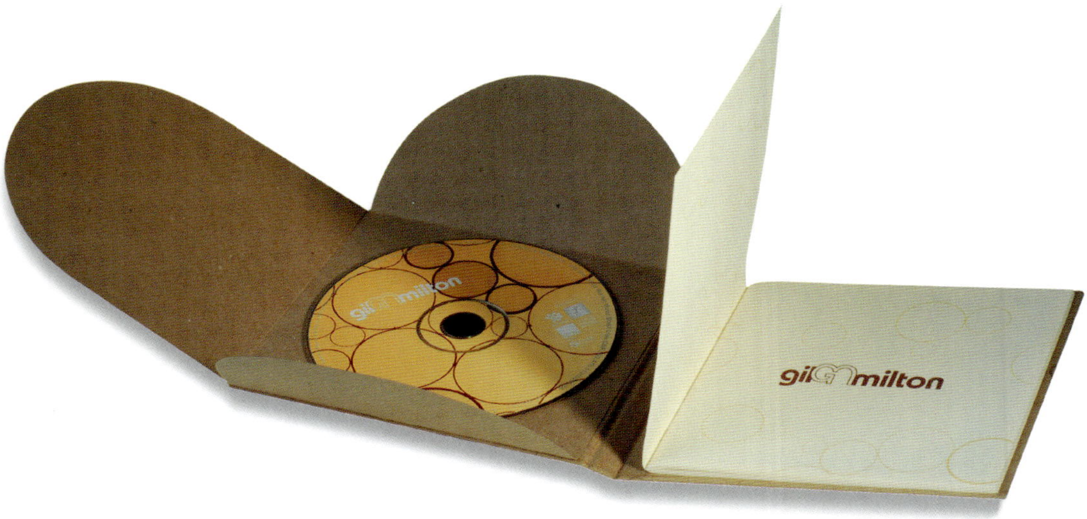

DESIGN	→	Iluminuras
PROJETO	→	Embalagem de CD para Gil & Milton
DESCRIÇÃO	→	Para o CD ficar bem protegido, nesta embalagem foi usado papel não revestido e foram criadas três abas na parte interna da capa. O desenho arredondado remete aos elementos gráficos circulares e à natureza orgânica de toda a peça.

→ 111

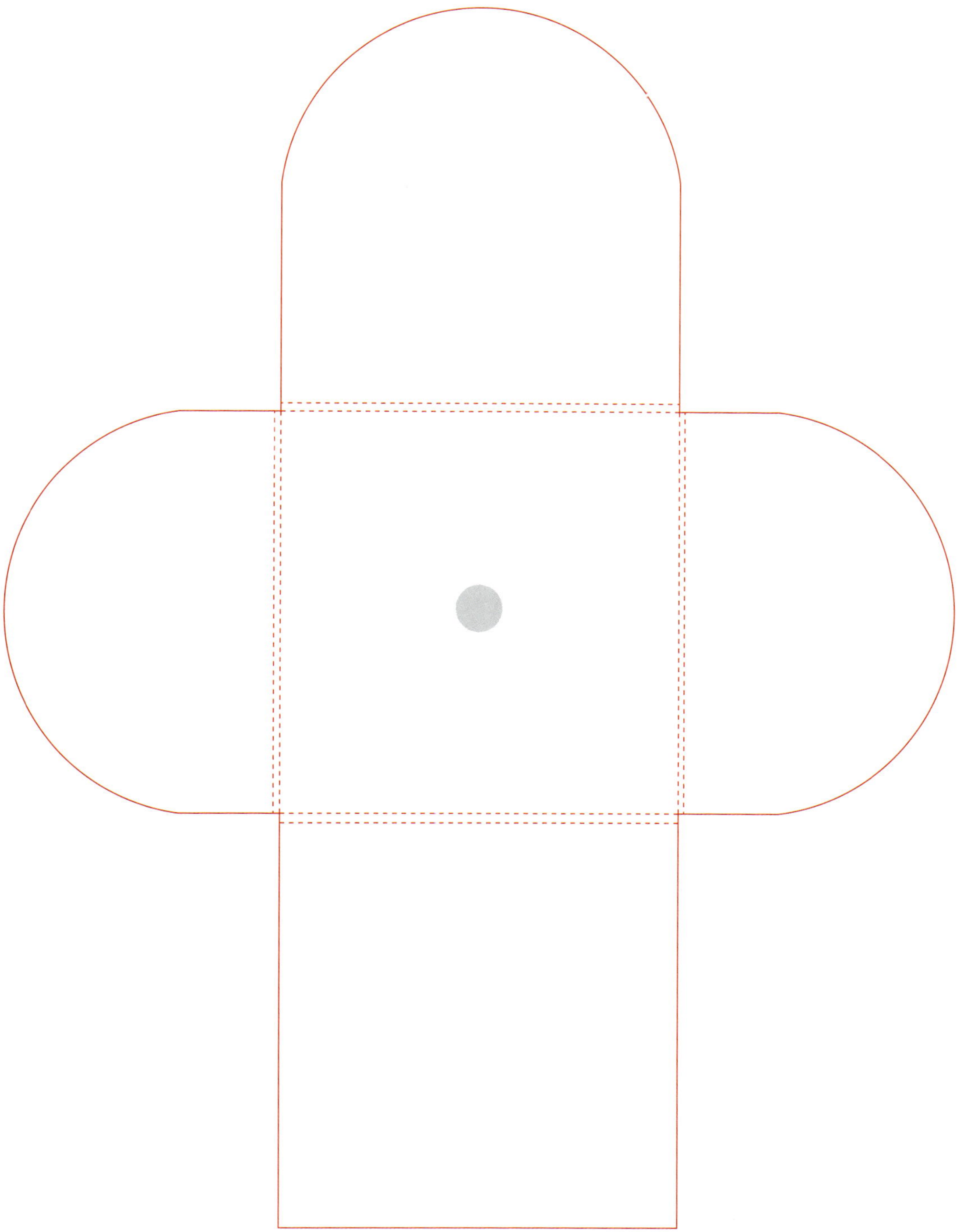

DESIGN	→	Kukusi
PROJETO	→	Box de CDs para Duran Duran
DESCRIÇÃO	→	Estes CDs foram gravados ao vivo em shows do Duran Duran e começaram a ser vendidos imediatamente depois da gravação. A caixa com tampa flip-top permite que os fãs colecionem os sete CDs ao vivo e construam a sua própria coletânea durante o processo – uma nova interpretação para o termo “edição de colecionador”.

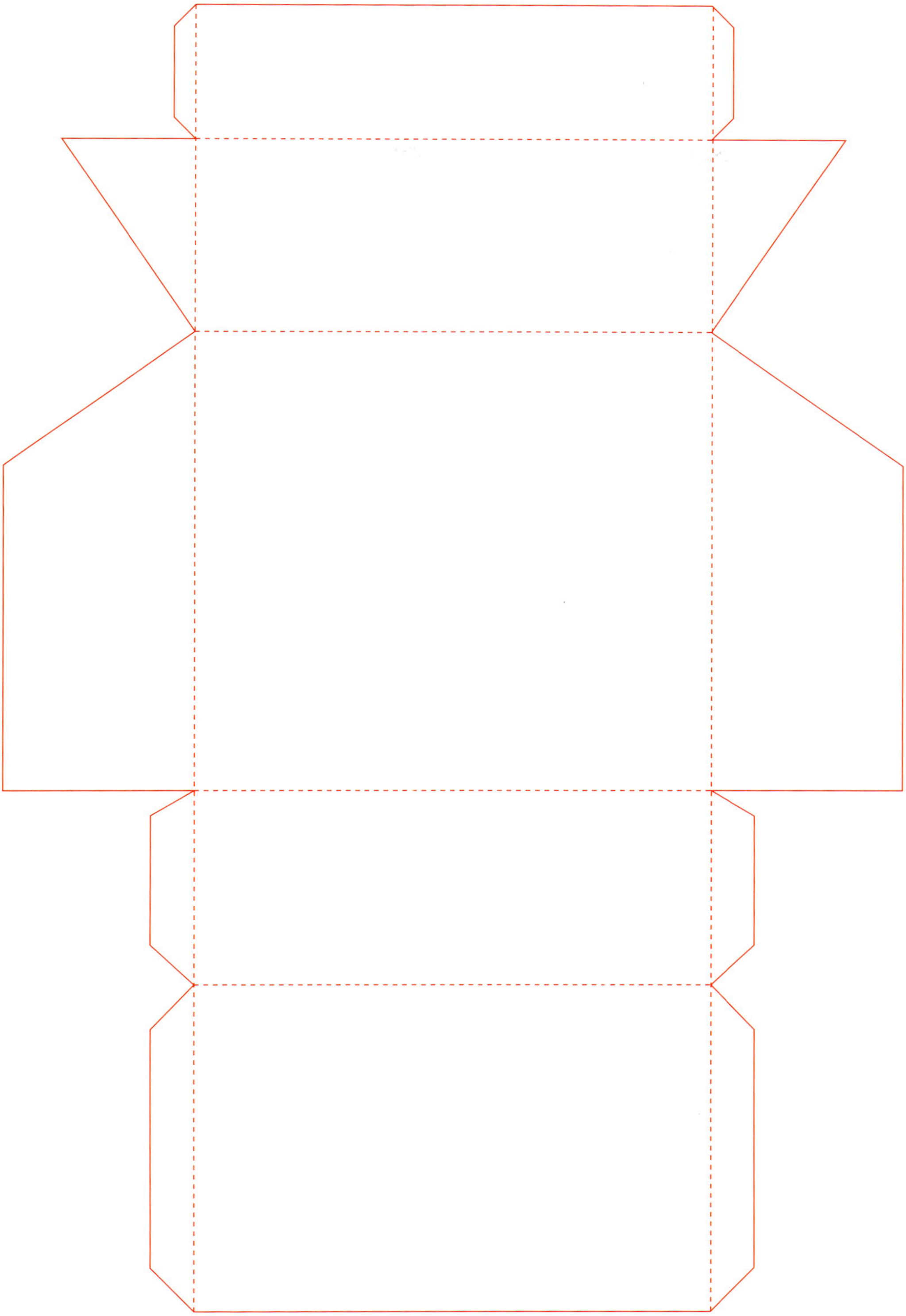

DESIGN	→	Richard Chartier
PROJETO	→	Embalagem para quatro CDs
DESCRIÇÃO	→	Usando encaixes de espuma de modo inteligente, esta embalagem para Richard Chartier contém quatro CDs em um estojo elegante e compacto.

DESIGN	→	Red Design
PROJETO	→	Embalagem de CD para Super Collider
DESCRIÇÃO	→	Esta embalagem de CD foi feita para lembrar um livro escolar russo dos anos 1960. Usando um formato em T, a Red Design conseguiu criar algo inusitado, além de contornar a necessidade de colocar um encarte extra.

→ 117

DESIGN	→	The Redroom
PROJETO	→	Embalagem de CD, edição de colecionador de luxo para Japan
DESCRIÇÃO	→	Esta peça apresenta três tipos diferentes de embalagem. Primeiro, a embalagem clamshell* externa, segundo, a "luva de minivinil" em dobra-janela, e terceiro, o Digipak** com dois painéis. Essa combinação agrega qualidade à embalagem de edição limitada.

* N. de R.T.: O termo *clamshell* refere-se a um tipo de embalagem externa plástica, normalmente em formato de concha, com lacre inviolável.

** N. de R.T.: O termo *digipack* refere-se a uma embalagem para CD ou DVD feita em papel-cartão normalmente com abertura em janela, na qual o CD fica na parte central.

DESIGN	→	Crush Design
PROJETO	→	Embalagem de CD para DJ Spinna
DESCRIÇÃO	→	Impressa em um tom vibrante de vermelho, esta embalagem com dobra-janela e formato em T tem fendas simples que seguram os CDs no lugar, além de se encaixar perfeitamente no estojo deslizante.

DESIGN	→	Zion Graphics
PROJETO	→	Box para seis CDs
DESCRIÇÃO	→	O formato simples desta embalagem de CD com dobra-janela dupla permite que as imagens falem por si, sem a necessidade de sobrecarregá-las com texto. As abas utilizam corte especial e guardam os CDs sem cobrir demais as imagens internas.

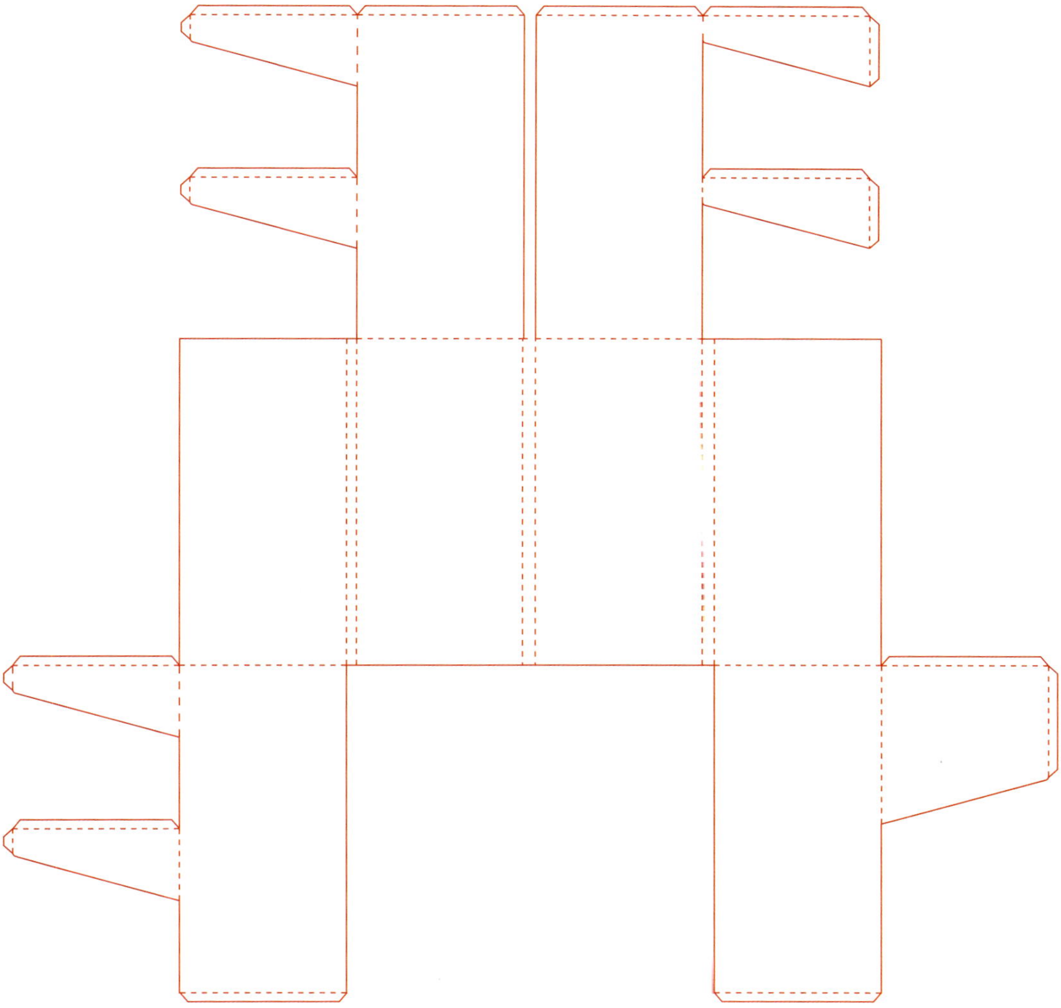

DESIGN	→	Pentagram Design
PROJETO	→	Embalagem de CD para Berkeley Hotel Blue Bar
DESCRIÇÃO	→	Esta luva em formato de caixa de fósforos flip-top é um formato original de embalagem de CD. Os detalhes da embalagem de fósforo foram reproduzidos com perfeição, até mesmo no grampo que mantém a peça unida.

DESIGN	→	Chronictown
PROJETO	→	Box de CDs para REM
DESCRIÇÃO	→	A embalagem para esta coleção de singles baseia-se nas caixas dos antigos discos de 45 rpm. A tampa de flip-top duplo remete aos discos antigos e dá à embalagem resistência e longevidade extras.

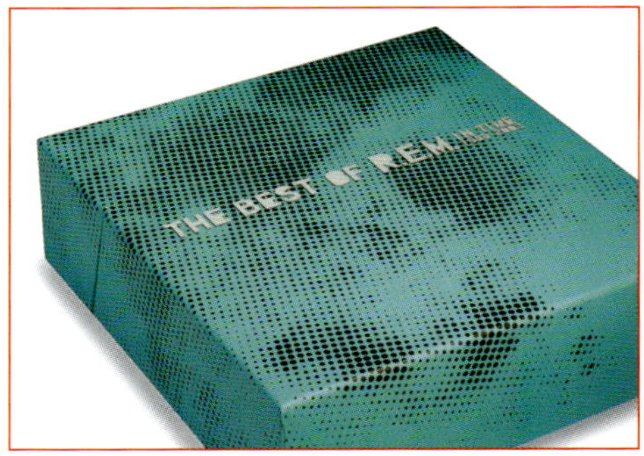

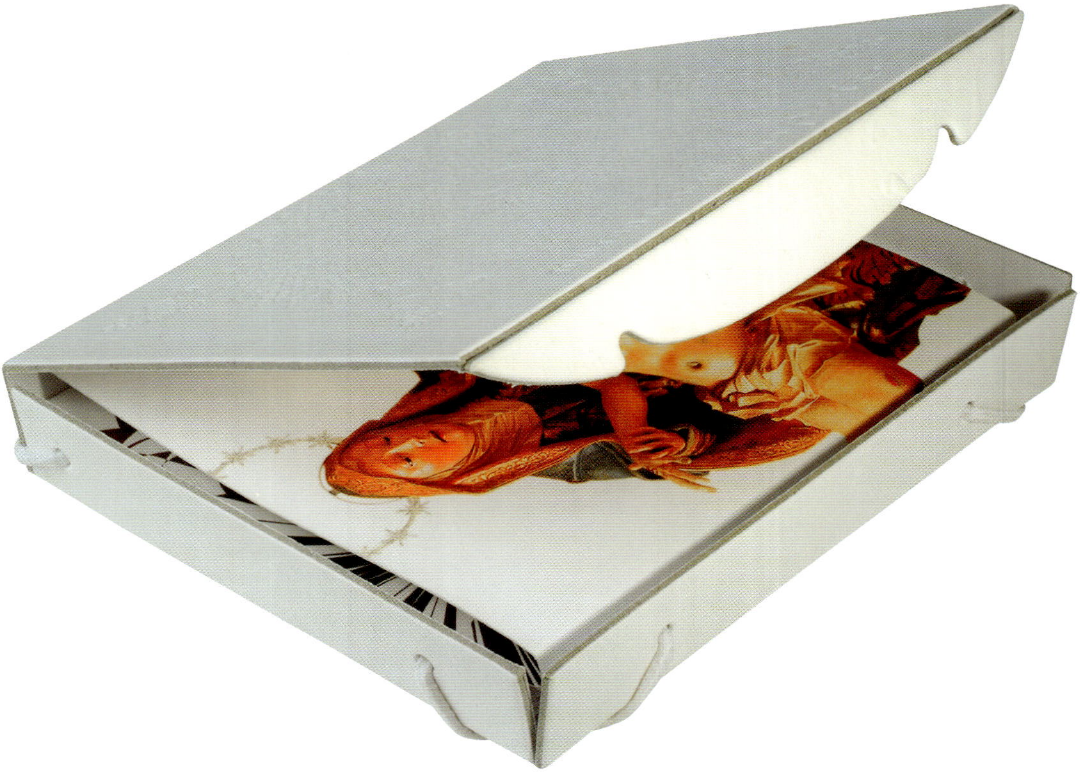

DESIGN	→	Iluminuras
PROJETO	→	Embalagem de CD e material de imprensa para Milton Nascimento
DESCRIÇÃO	→	O relevo seco sobre tecido cru produziu um efeito simples e elegante que, associado a um mecanismo de fechamento com elásticos, resultou em uma embalagem que consegue ter um visual ao mesmo tempo profissional e artesanal.

DESIGN	→	Createandconsume
PROJETO	→	Luva de CD para Motivesounds
DESCRIÇÃO	→	Esta embalagem com dobra-janela de quatro painéis abriga o CD em sua parte central e é fechada por um mecanismo simples de fenda e aba.

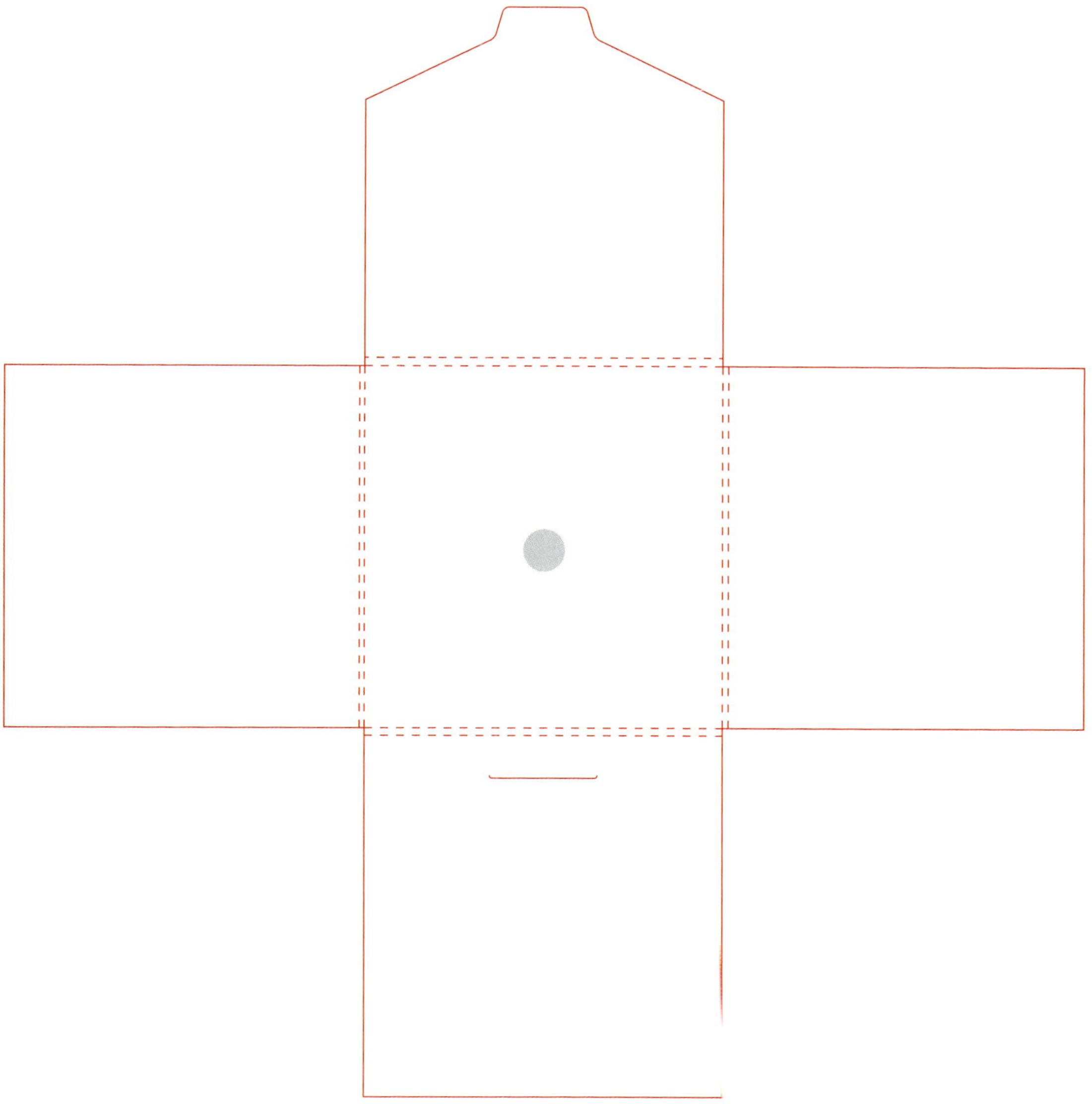

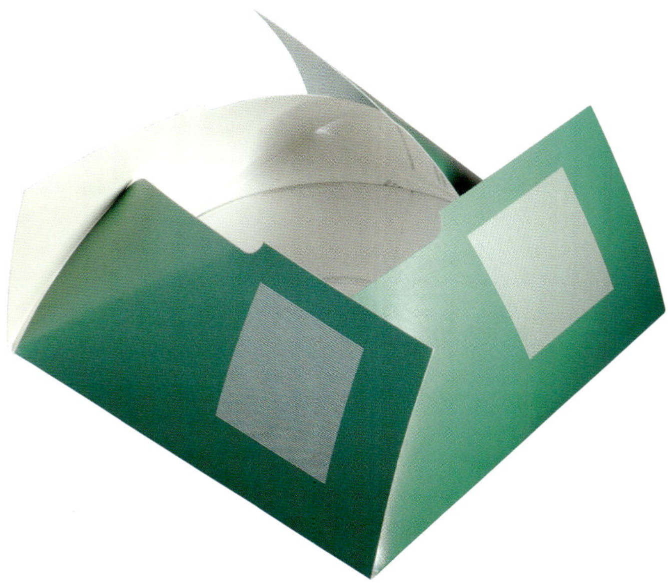

DESIGN	→	Rinzen
PROJETO	→	Embalagem de CD para Room 40
DESCRIÇÃO	→	Esta embalagem de CD tem abas feitas em corte especial que se sobrepõem umas às outras, o que ajuda a dar estrutura à peça.

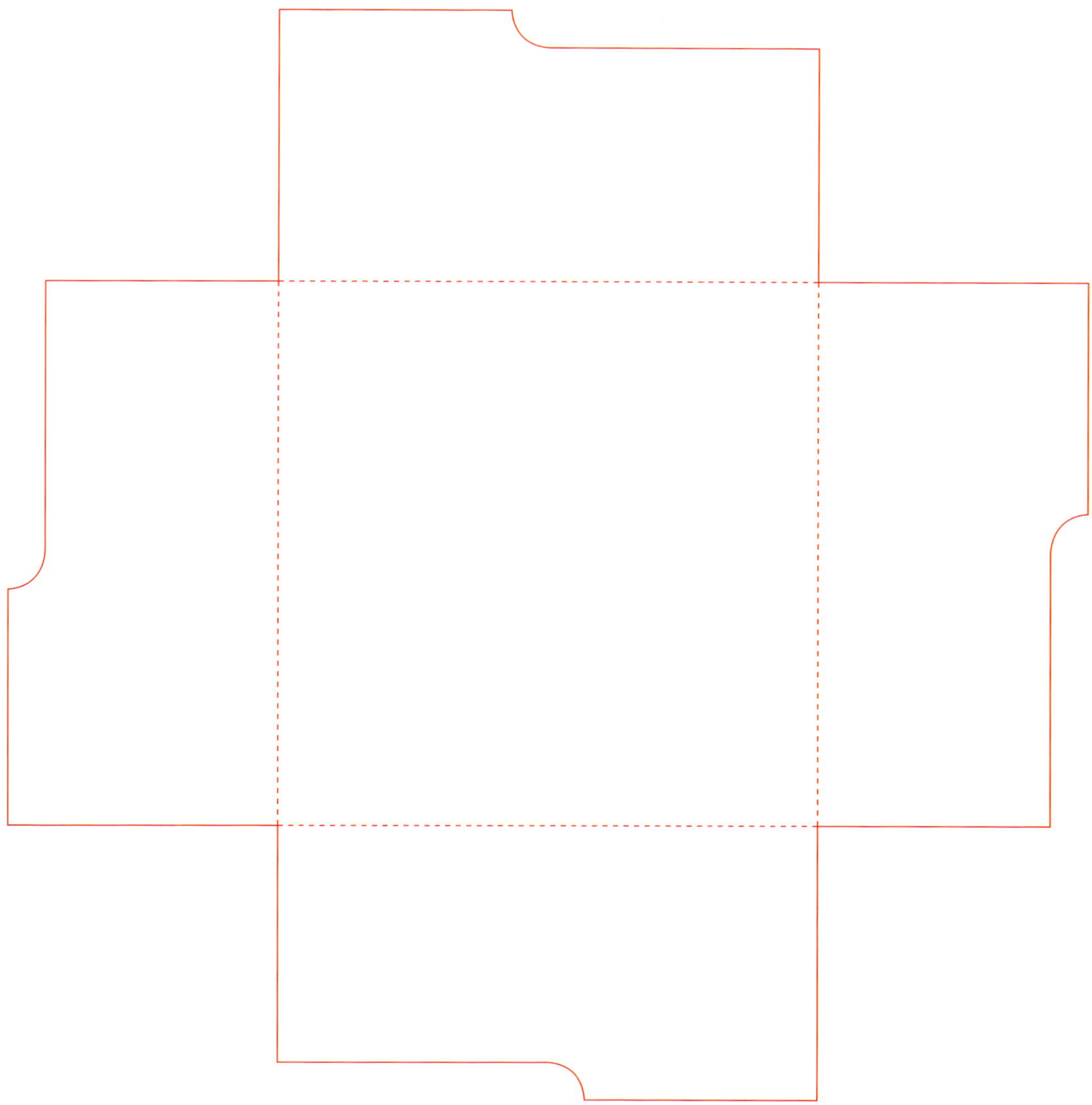

DESIGN	→	Peter and Paul
PROJETO	→	Mala-direta para DESQ
DESCRIÇÃO	→	Produzida como uma peça promocional, esta mala-direta é, ao mesmo tempo, embalagem de CD e pôster. A combinação de formato, corte especial e CD fluorescente faz a peça se destacar instantaneamente das embalagens de CDs mais convencionais.

DESIGN	→	Richard Chartier
PROJETO	→	Embalagem de CD
DESCRIÇÃO	→	Neste projeto, a embalagem foi desenhada para conter dois CDs, facilmente acessados pelo corte especial simples.

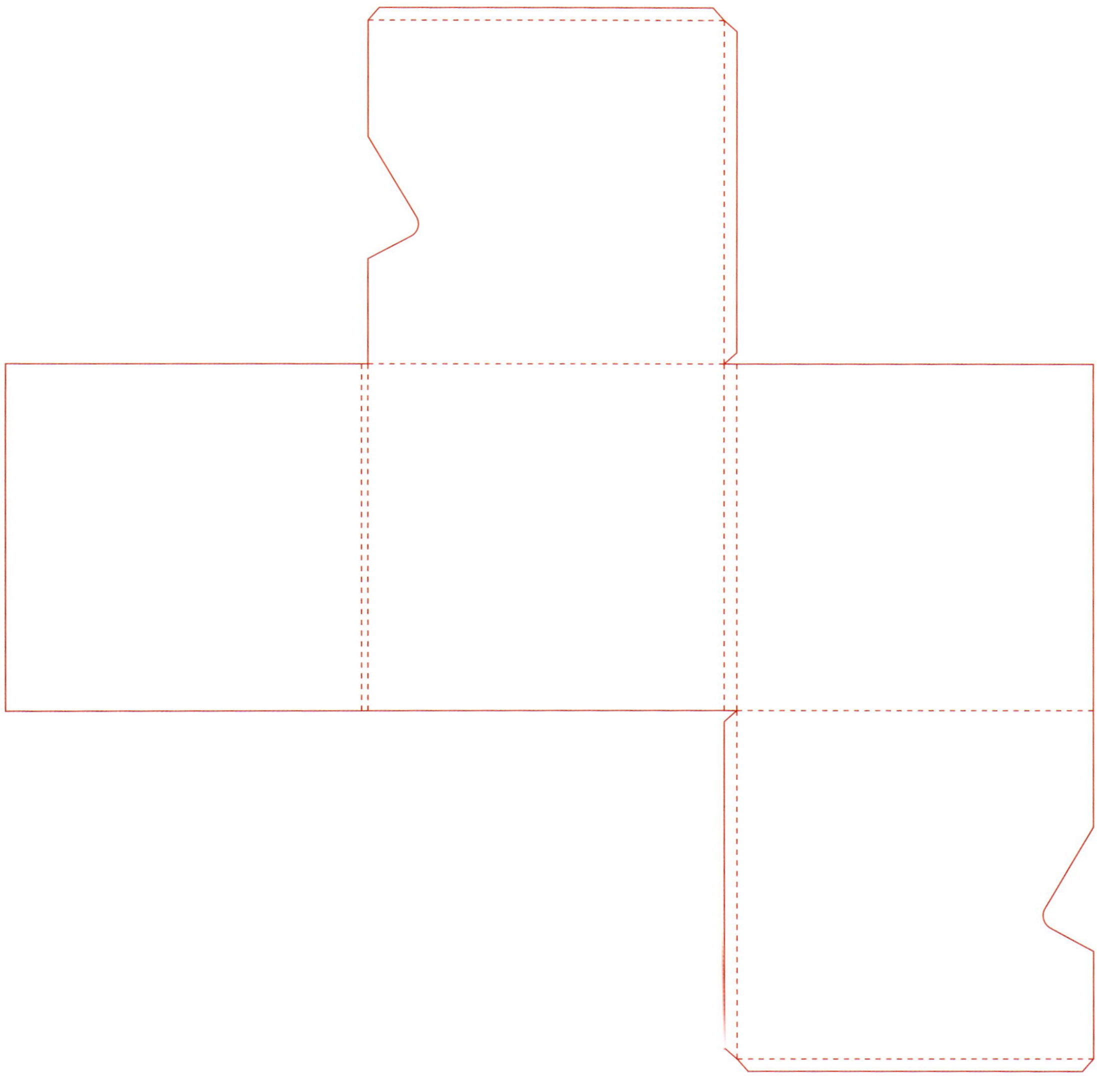

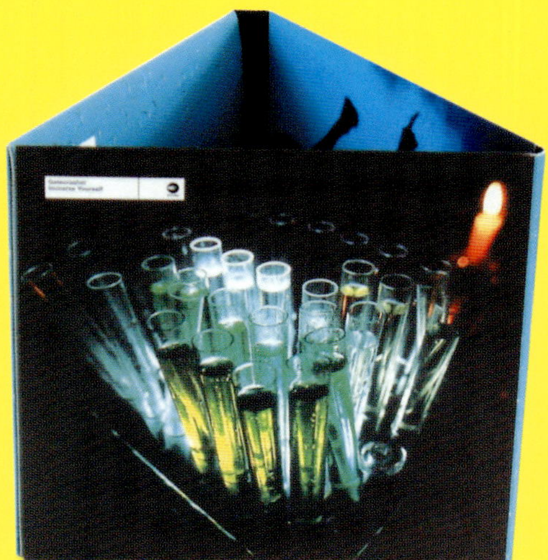

DESIGN	→	Z3 Design Studio
PROJETO	→	Embalagem de CD para Gatecrasher
DESCRIÇÃO	→	Durante a criação desta embalagem de CD, o objetivo principal era produzir uma embalagem de impacto, e isso foi atingido com a escolha de cores complementares e de fotografias abstratas, associadas ao formato com três dobras.

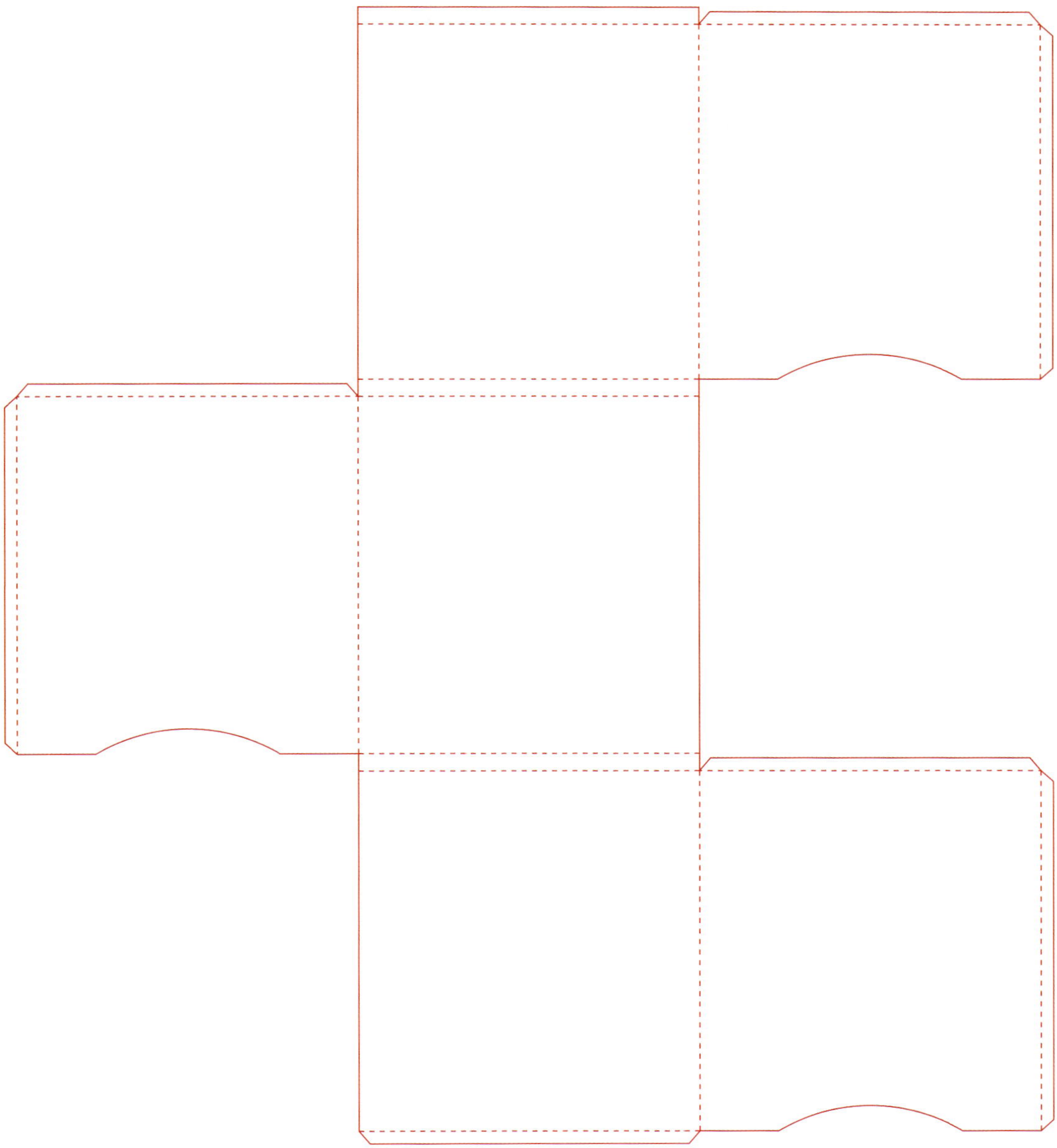

DESIGN	→	Brad Kayal
PROJETO	→	CD The Information
DESCRIÇÃO	→	Brad Kayal criou a embalagem deste CD EP para que se parecesse com uma calculadora analógica e funcionasse como tal. Enquanto o CD em si é bastante simples, com um processo de impressão em três cores, a embalagem, mais elaborada, precisou de um corte especial customizado e foi impressa em um papel francês especial, não revestido.

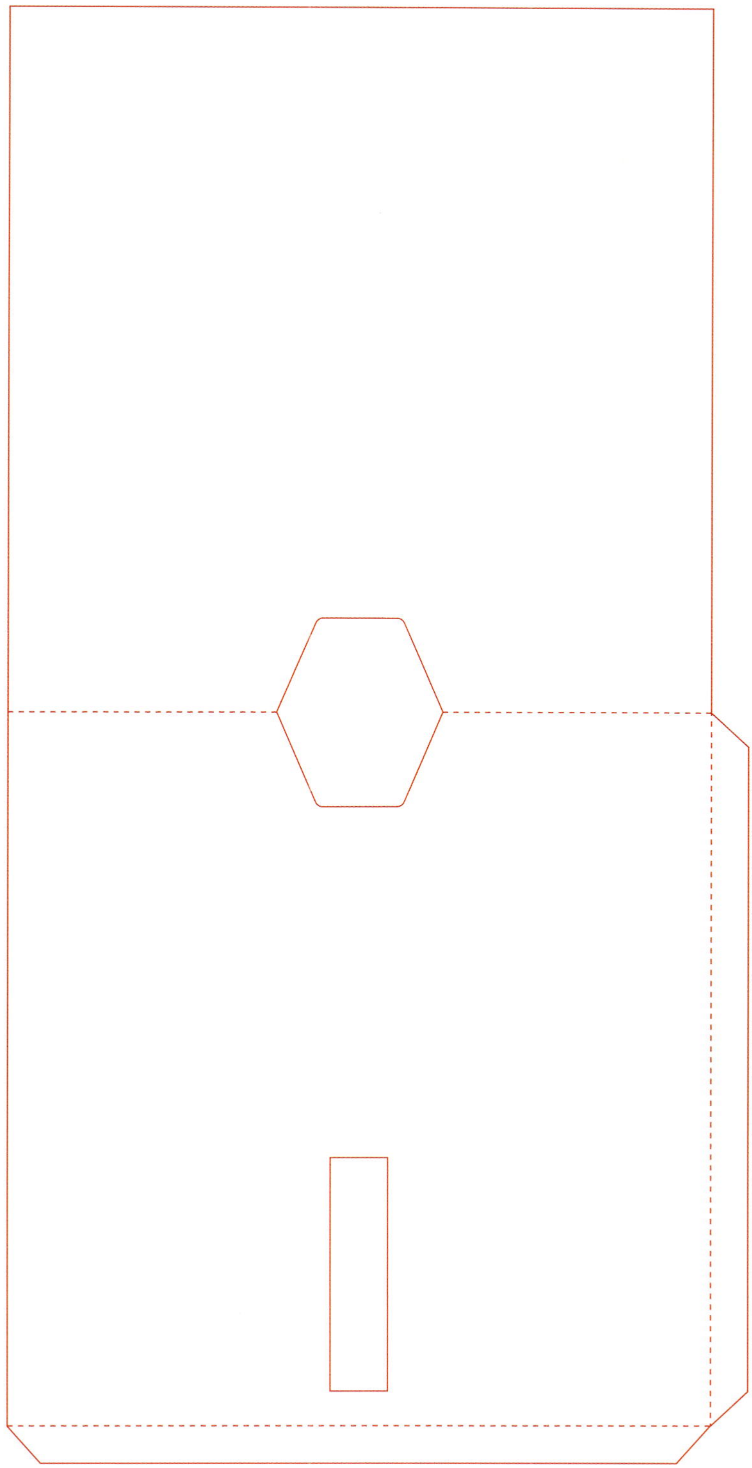

DESIGN	→	Rethink Communications
PROJETO	→	Embalagem de CD para Ornamental Etherworld
DESCRIÇÃO	→	Esta embalagem de CD é desdobrada e redobrada para virar uma casa de bonecas. Ela é complementada pelo interior detalhado e pelo telhado dobrado e encaixado nas laterais, cujas imagens foram feitas a partir de fotografias de miniaturas.

DESIGN	→	Decoylab
PROJETO	→	CD Go-go Jungle, de Mike Dillon
DESCRIÇÃO	→	Além da impressão tipográfica, esta embalagem de CD em cartão tem uma aba com corte curvo que se encaixa perfeitamente em uma fenda para manter o CD seguro.

→ 145

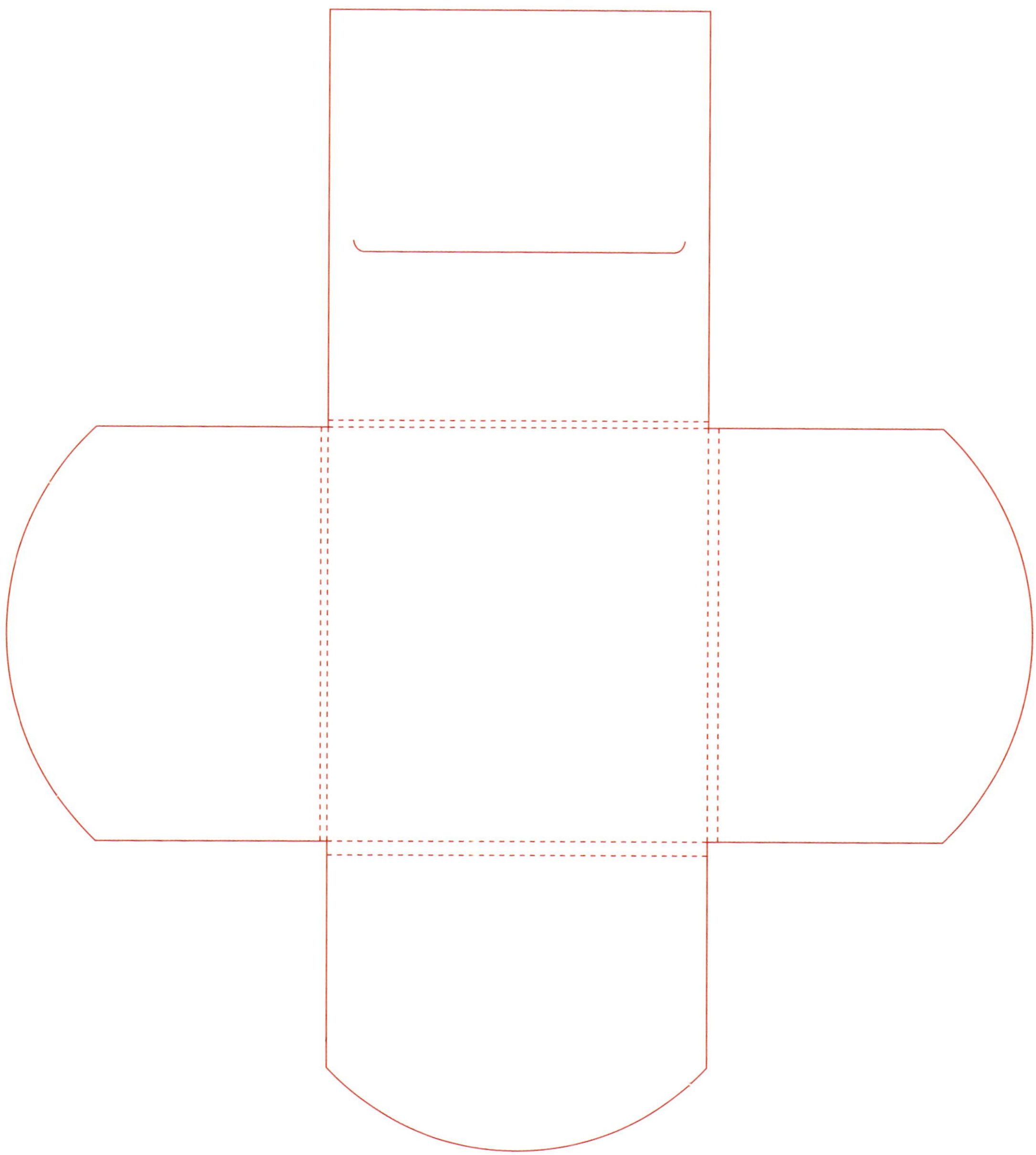

DESIGN	→	v23
PROJETO	→	Embalagem de CD para Iain Forsyth & Jane Pollard/J. Spaceman
DESCRIÇÃO	→	Esta embalagem é impressa sobre cartão não revestido, e boa parte de suas imagens foi tirada de detalhes arquitetônicos encontrados no local onde o CD foi gravado.

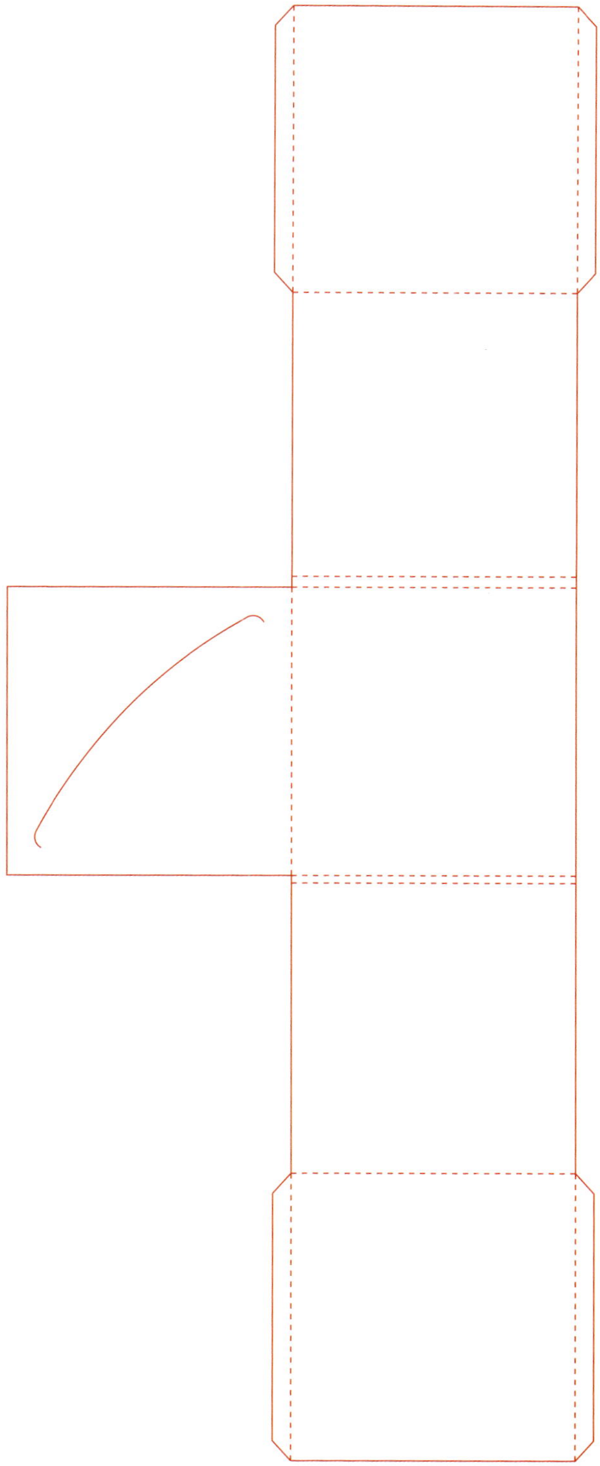

04

PRODUTOS E EMBALAGENS

DESIGN	→	Paperpod
PROJETO	→	Foguete de papelão
DESCRIÇÃO	→	Este foguete de papelão de formas orgânicas e adaptado para as crianças foi desenhado para ser fácil de montar. Ele pode ser dobrado e guardado, e as superfícies sem acabamento servem como uma tela em branco para as crianças decorarem.

DESIGN	→	Tony Davis e David Stannard da Art Meets Matter
PROJETO	→	Mobília Factum Paperboard
DESCRIÇÃO	→	A Factum foi feita para ser uma mobília flexível e ecologicamente correta, cujo design inicial foi inspirado no origami. Ela pode ser dobrada, criando uma embalagem plana que pode ser enviada aos clientes pelo correio. Cada peça vem em sua própria caixa em formato de maleta e, desdobrada, vira uma cadeira em segundos, sem a necessidade de instruções.

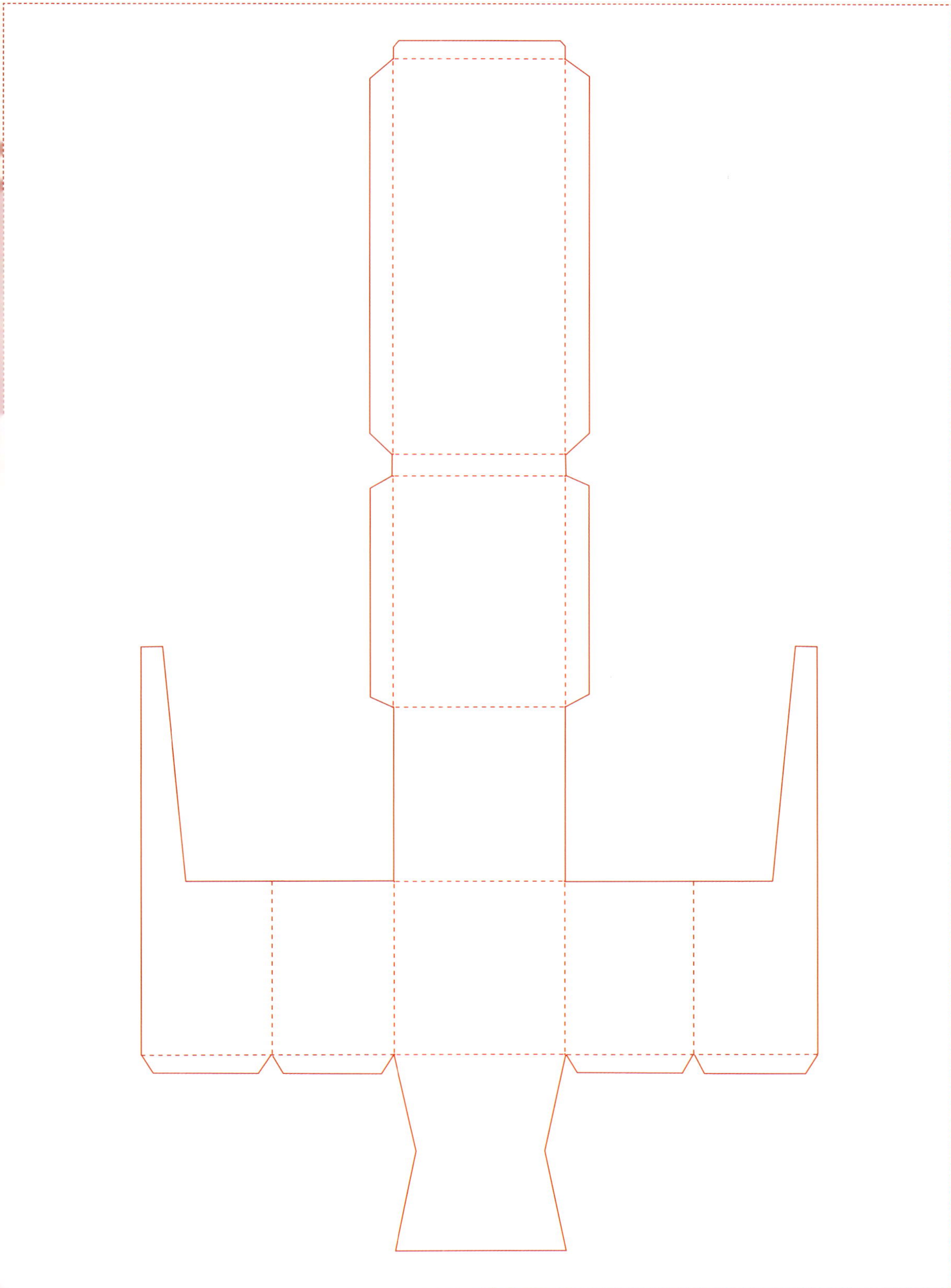

DESIGN	→	Carter Wong Tomlin
PROJETO	→	Embalagem para Howies
DESCRIÇÃO	→	Esta embalagem para camisetas foi adaptada a partir de outra sacola. A abertura com tela é um meio excelente de mostrar o produto contido na embalagem.

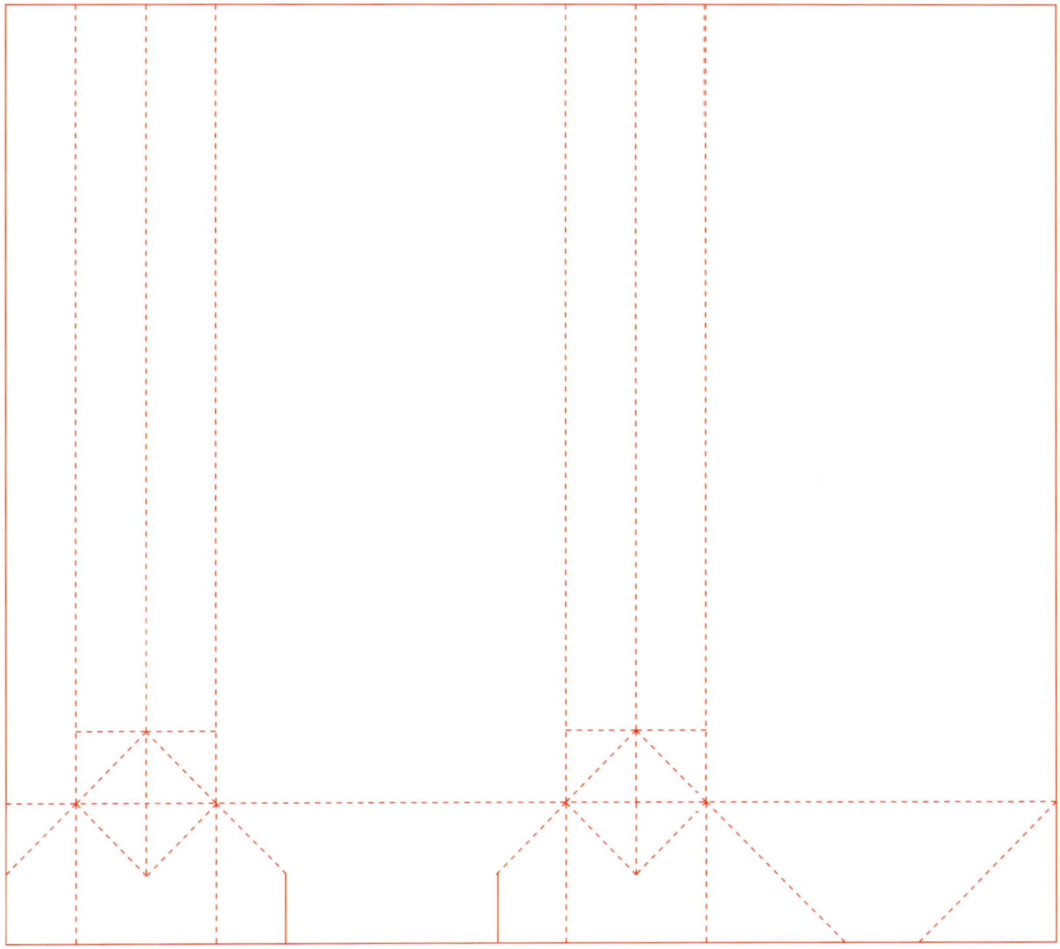

DESIGN	→	Pearlfisher
PROJETO	→	Embalagem para Spoylt
DESCRIÇÃO	→	Para a sofisticada marca de lingeries Spoylt, a Pearlfisher criou uma solução de embalagem que é igualmente prática e luxuosa. Para resolver o problema do cliente de ter que estocar centenas de caixas em um espaço limitado, foi feita uma estrutura em cartão que vai do formato planificado ao formato tridimensional montado facilmente, permitindo que as caixas sejam armazenadas planas e montadas conforme necessário.

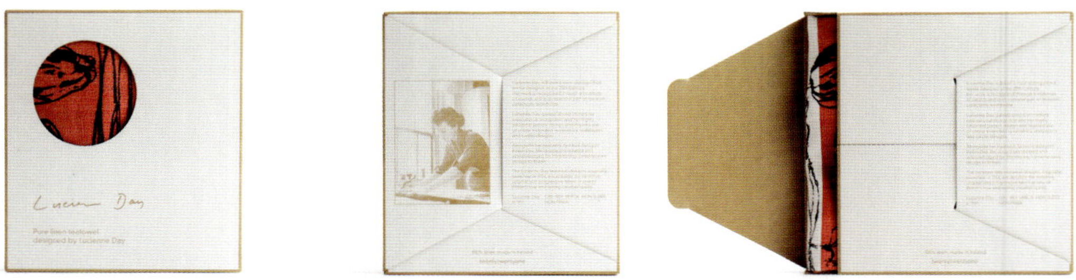

DESIGN	→	Aloof Design
PROJETO	→	Embalagem para Lucienne Day
DESCRIÇÃO	→	Nesta embalagem usou-se o mínimo de imagens, e foram feitas aberturas em corte especial que permitem aos produtos serem vistos e tocados.

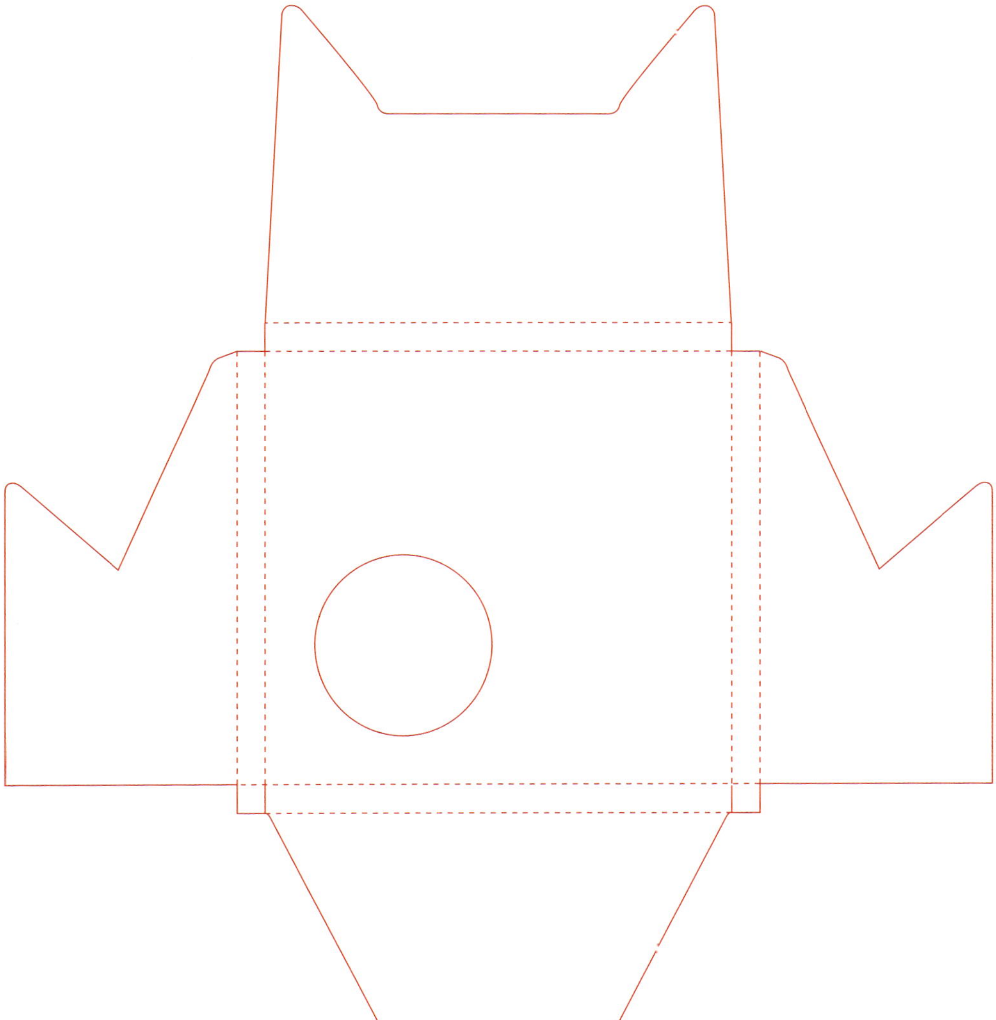

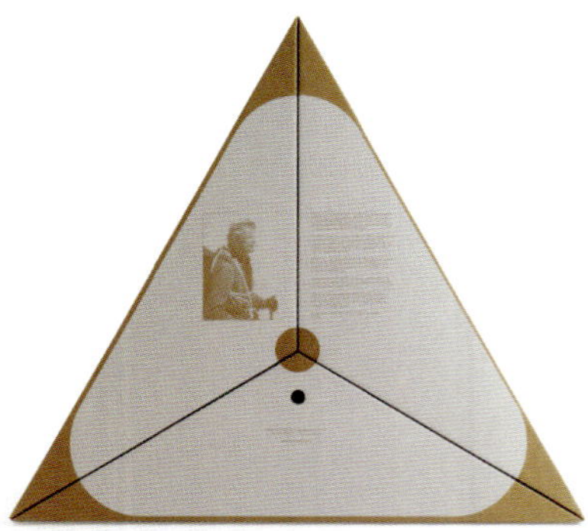

DESIGN	→	Aloof Design
PROJETO	→	Embalagem para Robin Day
DESCRIÇÃO	→	Esta embalagem tem uma construção cuidadosamente detalhada, montada sem o uso de cola, e funciona como um eficiente dispositivo de ponto de venda.

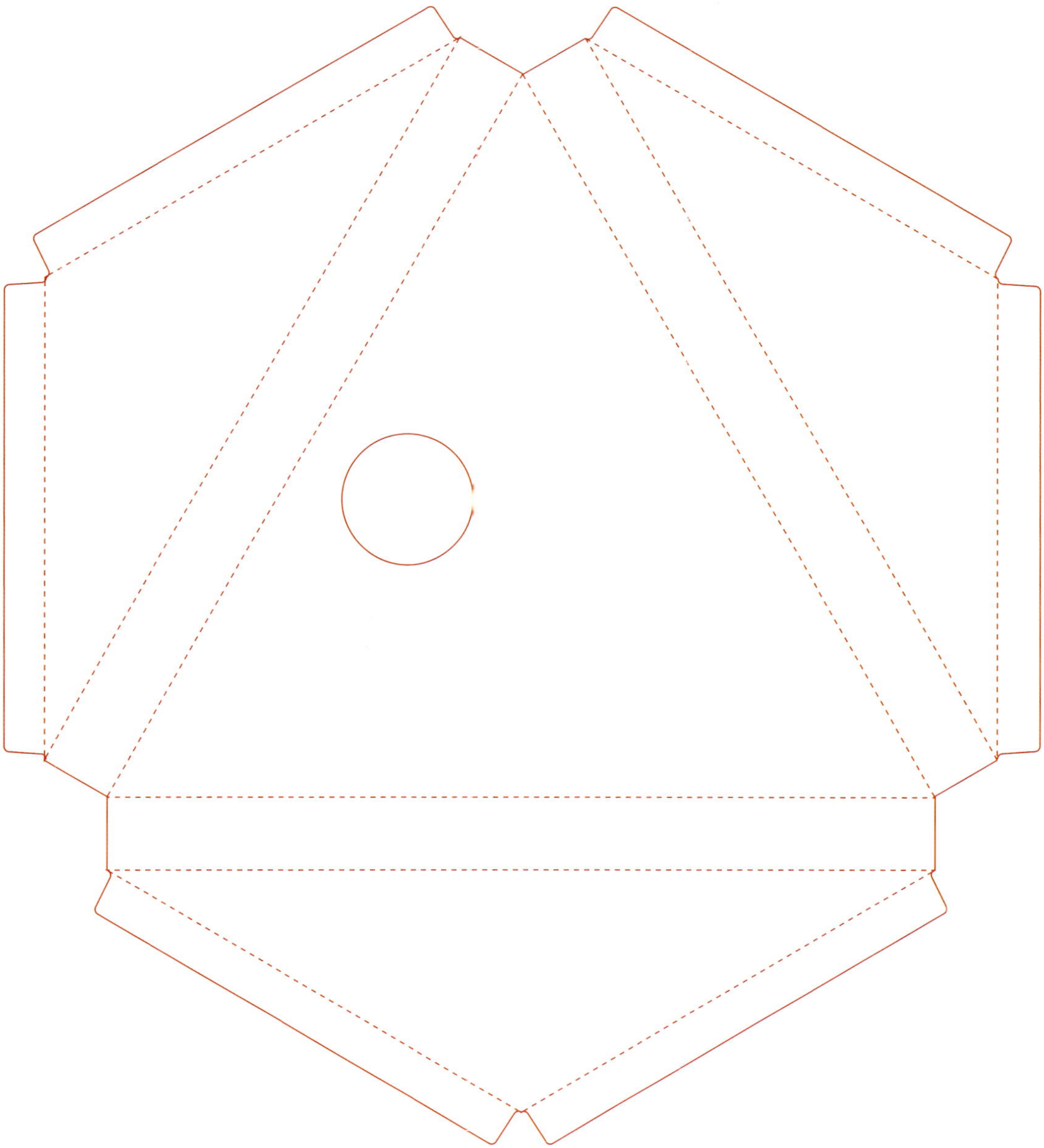

DESIGN	→	Egelnick and Webb
PROJETO	→	Convite de lançamento da fragrância Euphoria
DESCRIÇÃO	→	Este convite em 3D para o lançamento da fragrância Euphoria, da Calvin Klein, era entregue como uma intrigante caixa branca que se abria quando puxada a fita sob uma tira de cartão serrilhado.

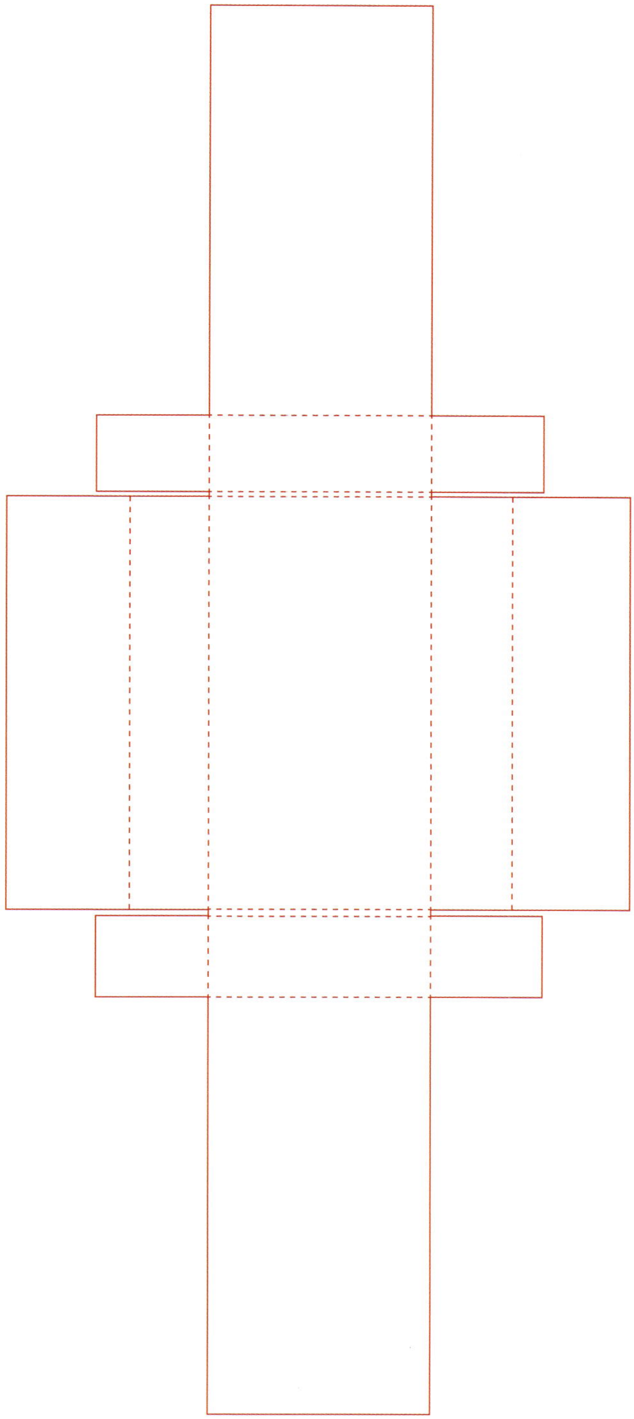

DESIGN	→	Shin Tanaka
PROJETO	→	Boneco de papel
DESCRIÇÃO	→	Estes paper toys*, desenhados pelo aclamado artista japonês Shin Tanaka, foram feitos para serem construídos usando-se uma impressora jato de tinta comum e papel.

*N. de R.T.: Estilo característico de boneco de papel produzido originariamente no Japão. O termo tem sido utilizado no Brasil sem tradução.

DESIGN	→	The Partners
PROJETO	→	Embalagem para Saks Fifth Avenue
DESCRIÇÃO	→	Fotografias de cabras foram aplicadas a uma série de materiais para a Saks Fifth Avenue, incluindo catálogos, embalagens, decoração de vitrines, pontos de vendas e material publicitário. Elas produzem uma mistura de choque e divertimento tornando o slogan da campanha, "Wild about cashmere" (algo como "loucos por cashmere"), eficiente e marcante.

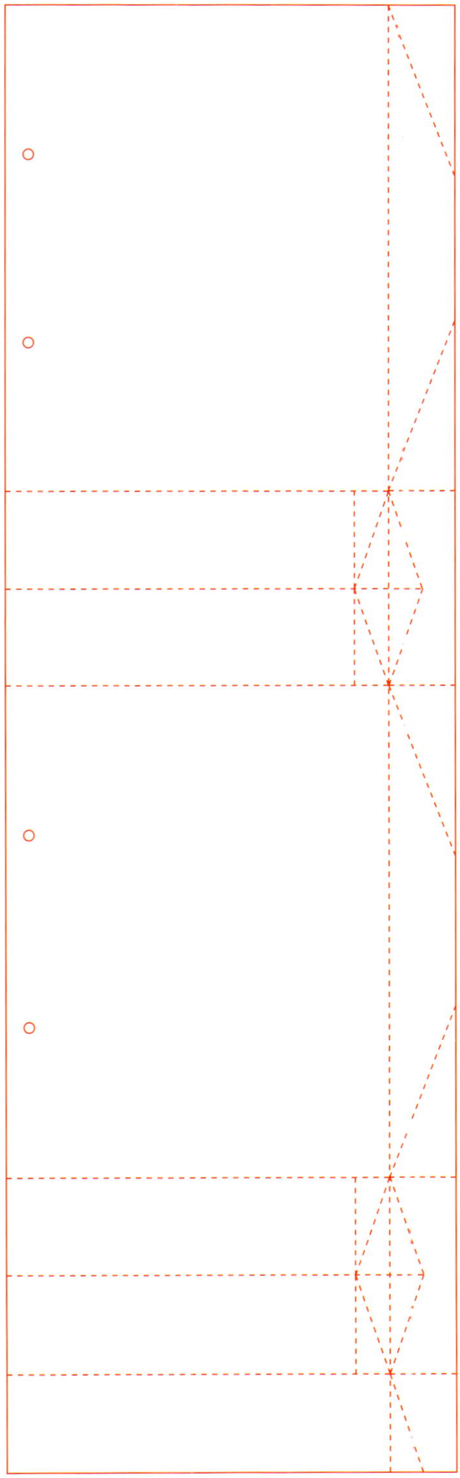

DESIGN	→	Ivy Wong
PROJETO	→	Material promocional para Splash Interactive
DESCRIÇÃO	→	Esta embalagem em papelão amarrada com fitas vem com uma toalha de mão bordada, desodorantes personalizados da Splash e um animal marinho em cores vivas cheio de espuma para banho, o que faz este material promocional causar um bom impacto.

DESIGN	→	Form
PROJETO	→	Sacola de compras para Staverton
DESCRIÇÃO	→	A marca de móveis Staverton utiliza um conjunto de cores corporativas bastante vivas, sendo a mais característica delas um amarelo vibrante, que foi reconhecido e explorado na criação desta sacola de compras.

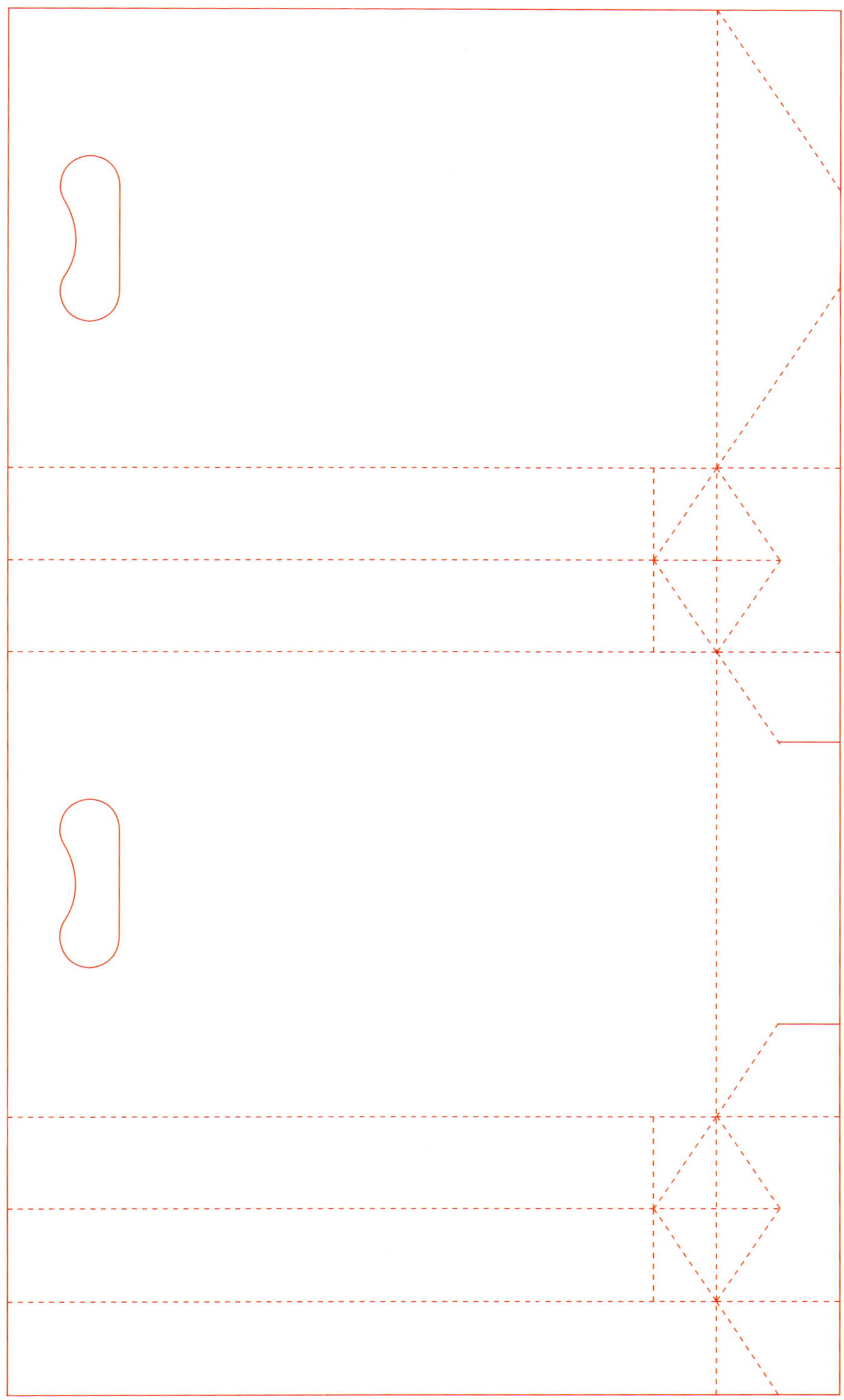

DESIGN	→	Bath House
PROJETO	→	Embalagem para linha de cosméticos masculinos
DESCRIÇÃO	→	Etiquetas adesivas longas e estreitas selam a parte superior destes pacotes. Uma fita presa em ambos os lados da etiqueta contorna a base da embalagem, criando uma identidade atraente e, ao mesmo tempo, masculina.

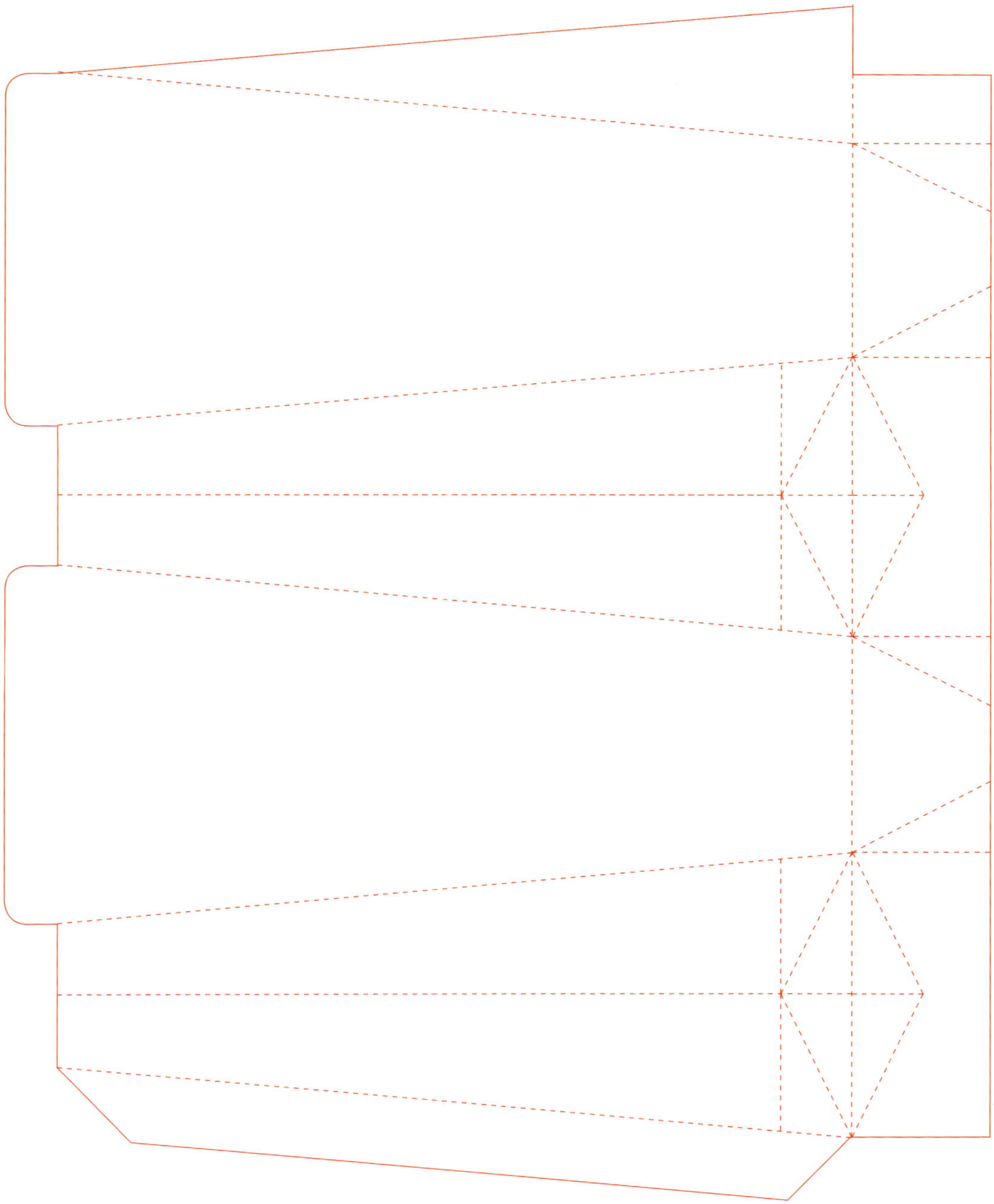

DESIGN	→	Subplot Design Inc.
PROJETO	→	Caixas para Ryders Eyewear
DESCRIÇÃO	→	A Subplot desenhou habilidosamente estas caixas para a marca de óculos Ryders Eyewear de modo que funcionassem como embalagem e dispositivo de ponto de venda. Cada caixa mostra um retrato em close de uma pessoa usando os óculos Ryders, e todas as imagens são colocadas contra um fundo preto contrastante. Depois de impressas, as caixas foram cortadas e dobradas, e então dispostas em grupos para criar displays de pontos de venda exclusivos.

DESIGN	→	Studio Output
PROJETO	→	Caixas para Ascot Shoes Bamboo
DESCRIÇÃO	→	O Studio Output criou esta série de caixas empilháveis como um dispositivo de ponto de venda para a linha Bamboo da Ascot Shoes. As caixas foram impressas em quatro cores, com verniz de alto brilho aplicado em toda a caixa. Após a impressão, a forma plana de cada caixa foi cortada a partir da folha inteira de papel-cartão.

DESIGN	→	Paprika
PROJETO	→	Sacola de compras para Birks Jewelers
DESCRIÇÃO	→	Para dar a estas sacolas um ar sedutor, a Paprika empregou vários processos de acabamento de alta qualidade, incluindo hot stamping, laminação e ilhoses em metal colorido, que mantém a fita e as alças em cordão impecáveis.

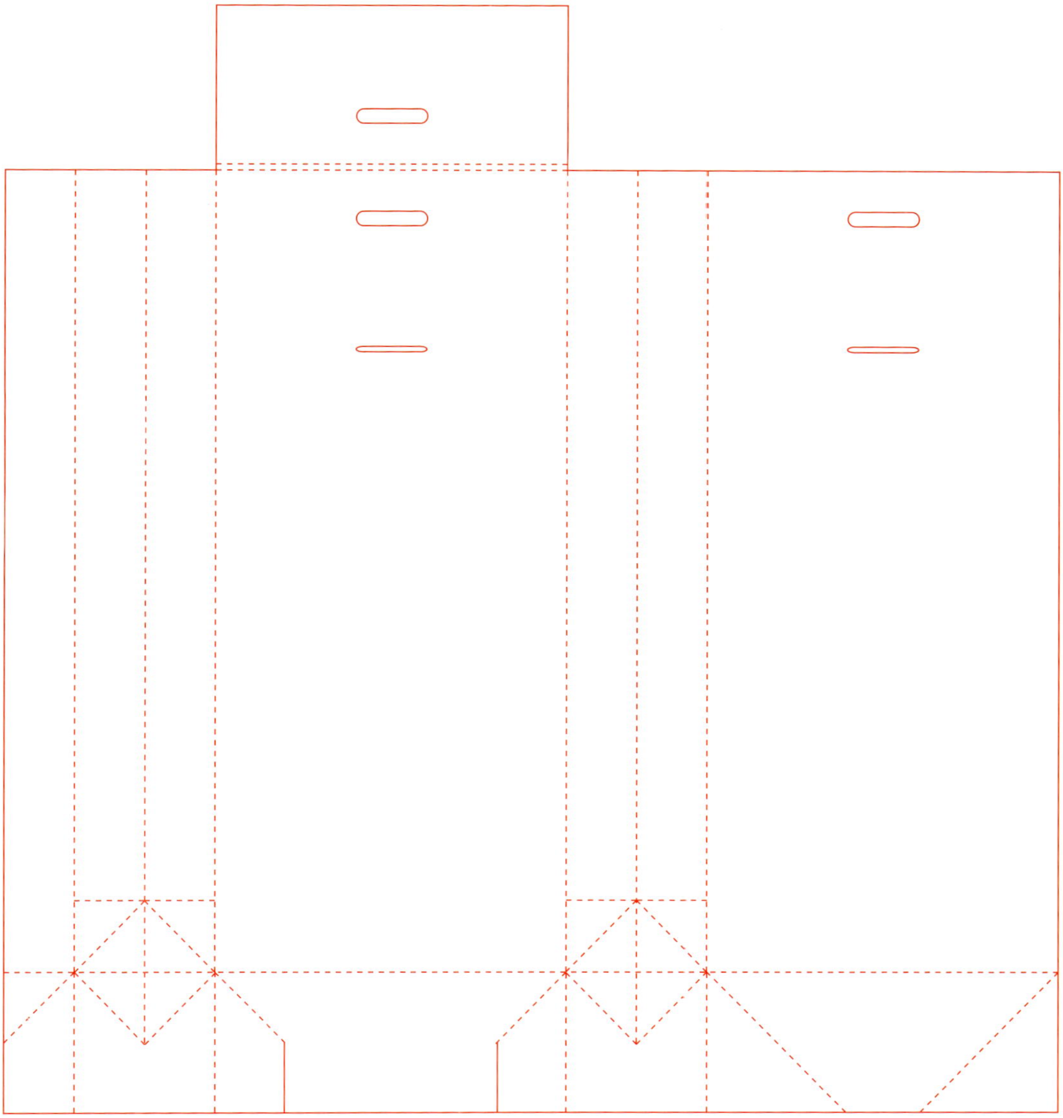

DESIGN	→	Alexander Isley Inc.
PROJETO	→	Embalagem de produtos para cabelos, Elizabeth Arden
DESCRIÇÃO	→	Esta linha de sacolas foi impressa em cores harmônicas usando-se offset. Para criar uma superfície igualmente cintilante e lustrosa, o design recebeu verniz brilhante e a impressão final foi cortada e vincada para ganhar o seu formato final.

T/MBUKTUU
COFFEE BAR
DES MOINES, IOWA

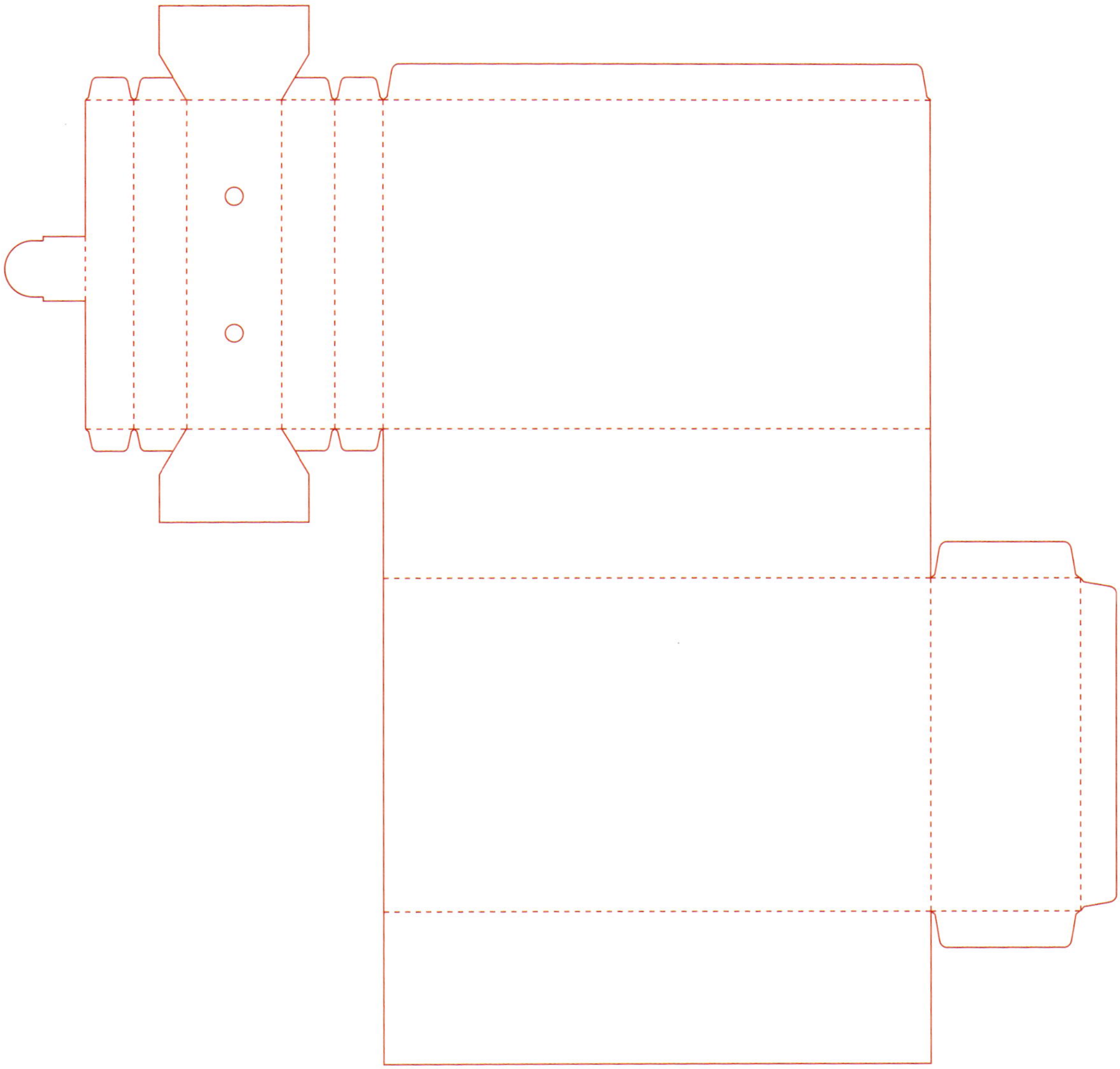

DESIGN	→	Sayles Graphic Design
PROJETO	→	Sacolas para Timbuktuu Coffee Bar
DESCRIÇÃO	→	As alças e os mecanismos de fechamento destas sacolas são formados por uma mistura contrastante de cartão corrugado marrom e corda de juta natural.

DESIGN	→	Helvetica
PROJETO	→	Lata e caixa do suplemento vitamínico Shiseido
DESCRIÇÃO	→	Esta embalagem é composta por dois elementos funcionais – a caixa externa em papel-cartão e o estojo interno em metal. A escolha dos materiais, das cores e dos acabamentos da linha de produtos da empresa transmite uma ideia de raízes e de história da marca.

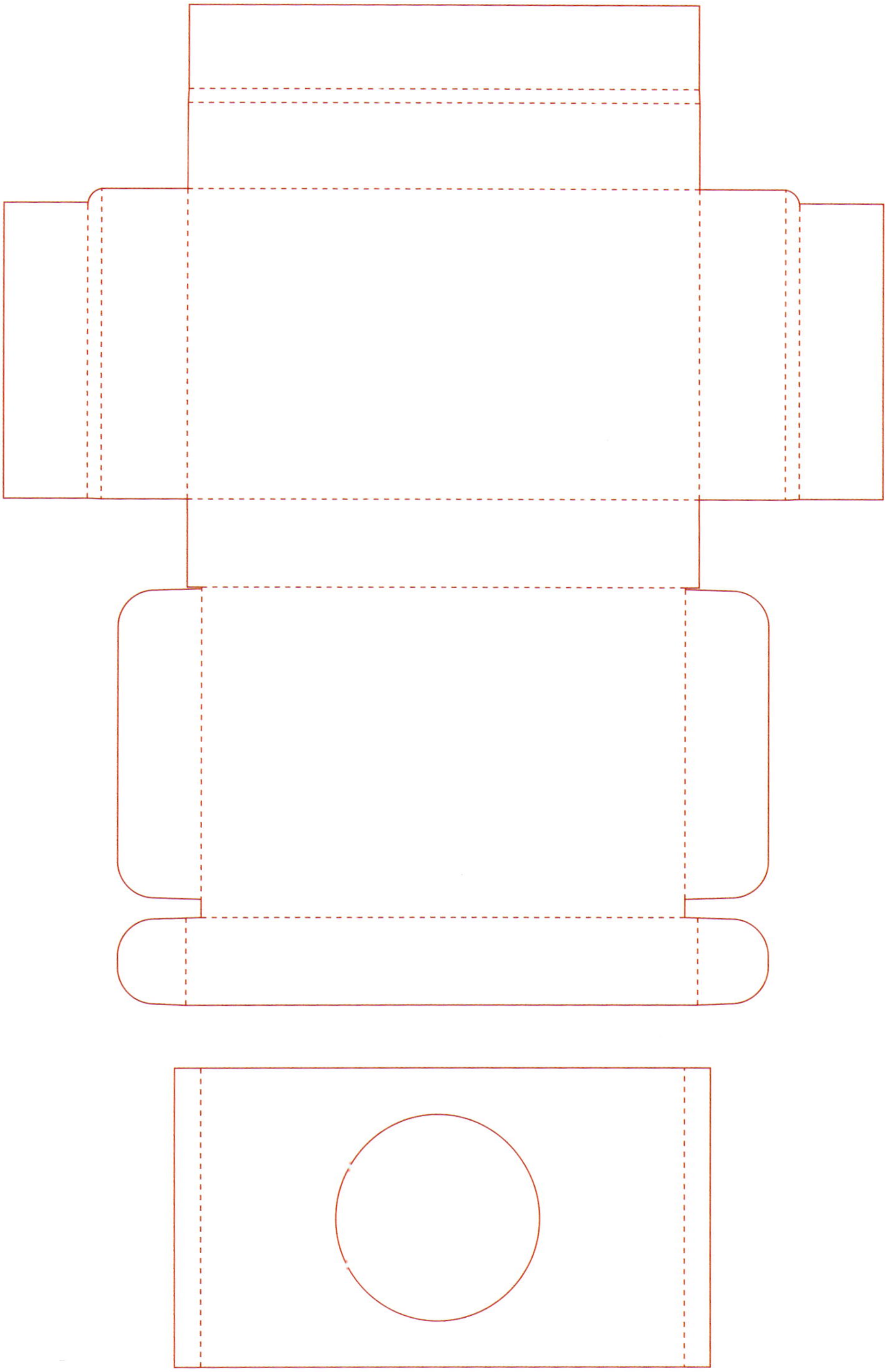

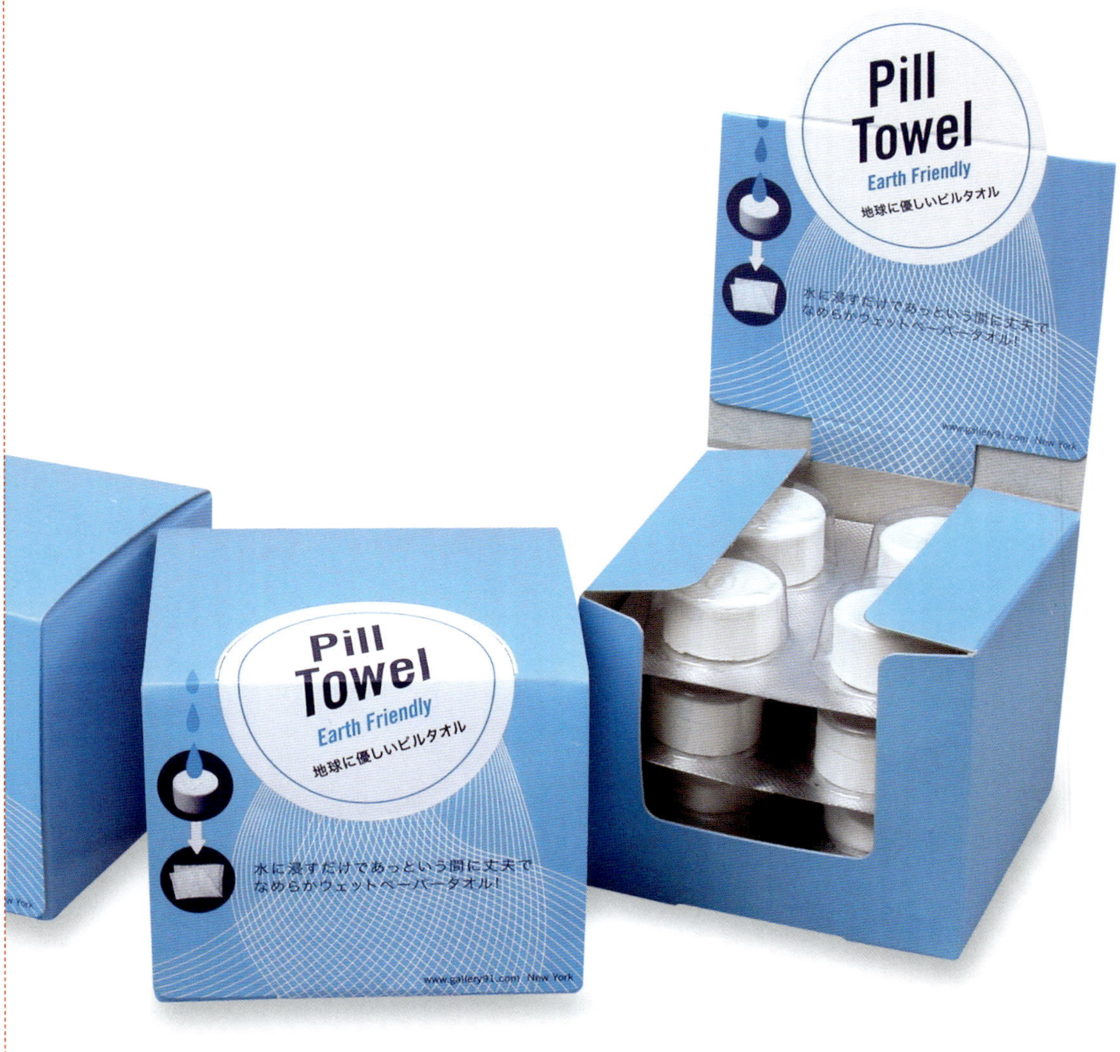

DESIGN	→	Waterform Design Inc.
PROJETO	→	Distribuidor de ponto de venda para Pill Towel
DESCRIÇÃO	→	O design estrutural do recipiente em papel-cartão permite que a caixa lacrada se torne um dispositivo de ponto de venda quando aberta, com o logotipo e o nome do produto formando um fundo visível impresso em uma só cor.

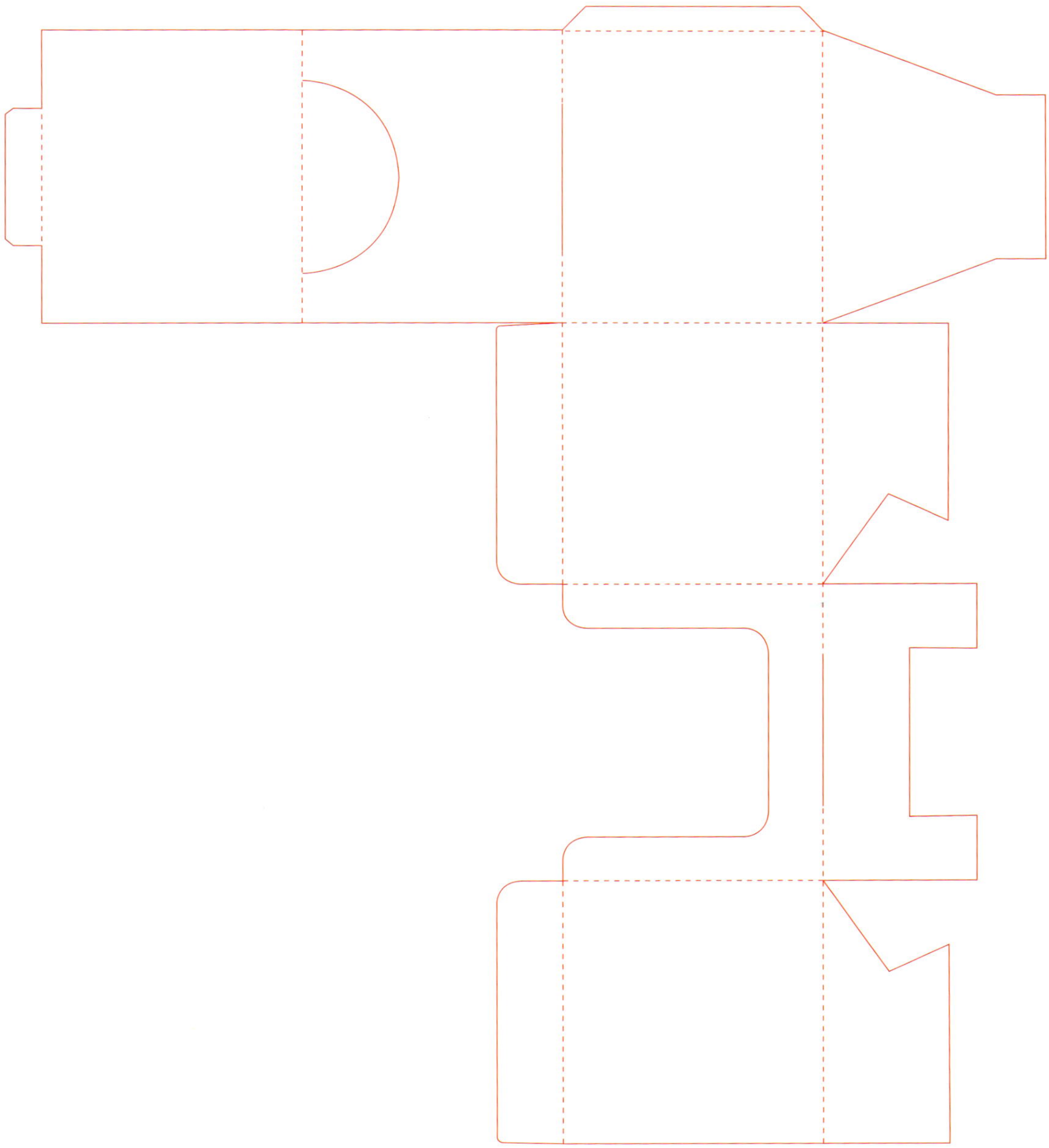

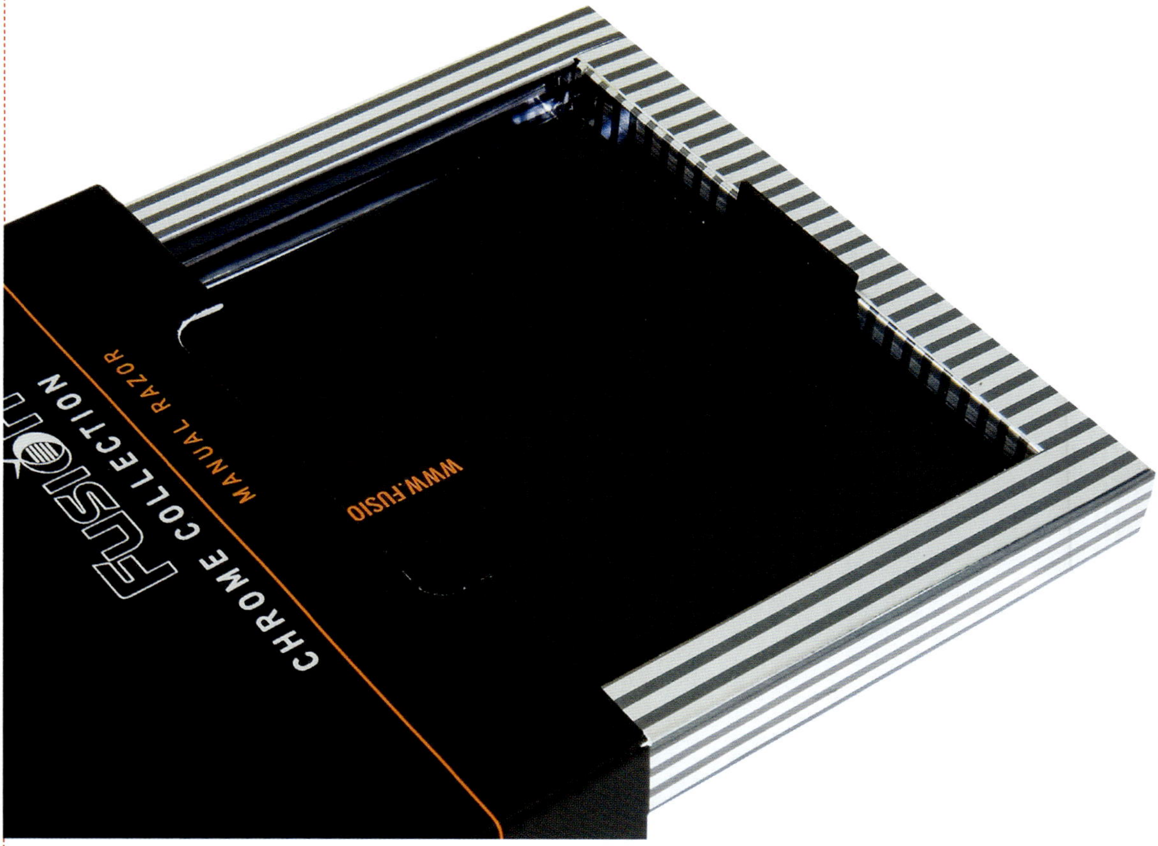

DESIGN	→	JKR Design Team
PROJETO	→	Caixa para Gillette & The Art of Shaving
DESCRIÇÃO	→	A embalagem de presente inclui uma série de componentes e apresenta a linha de itens em uma composição muito atraente e visualmente impactante. A luva externa é o primeiro meio de apresentação, enquanto as bandejas internas contêm e protegem os produtos no interior.

DESIGN	→	Green House Design Co. Ltd.
PROJETO	→	Discos de flores Hanaguruma
DESCRIÇÃO	→	Este recipiente de papel foi inspirado pela arte japonesa do origami. Por meio de uma série de vincos regulares, uma folha de papel circular plana pode ser dobrada para virar um recipiente redondo com profundidades diferentes que pode ser usado em uma grande variedade de contextos para embalagens. Um aspecto funcional desta embalagem é que, quando aberta, ela serve como prato para o consumo do produto, o que a torna uma embalagem ideal para alimentos.

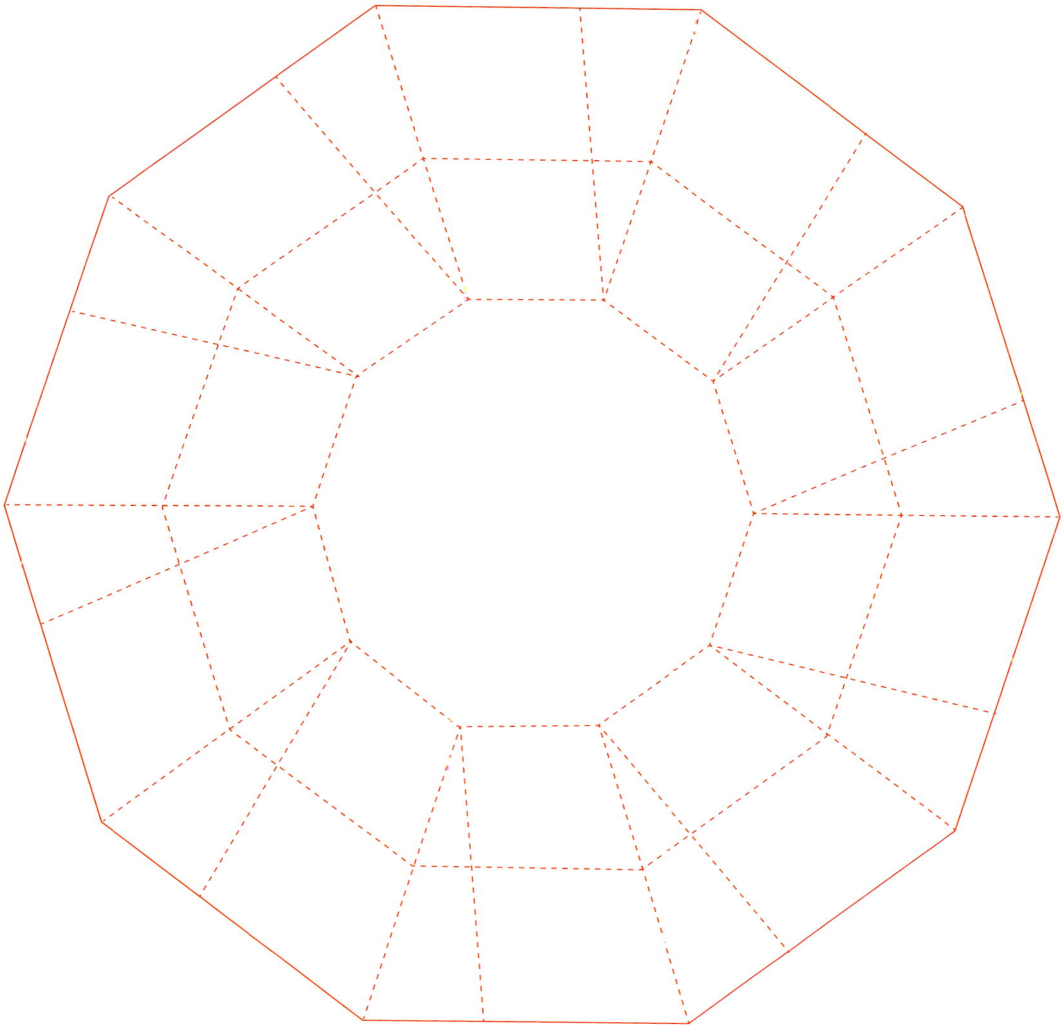

DESIGN	→	Green House Design Co. Ltd.
PROJETO	→	Bandeja para bolinhos
DESCRIÇÃO	→	Estes recipientes de duas peças são compostos por uma bandeja e uma luva. A estrutura das bordas da bandeja foi desenhada de modo que a embalagem fique lacrada quando fechada, mantendo os produtos frescos.

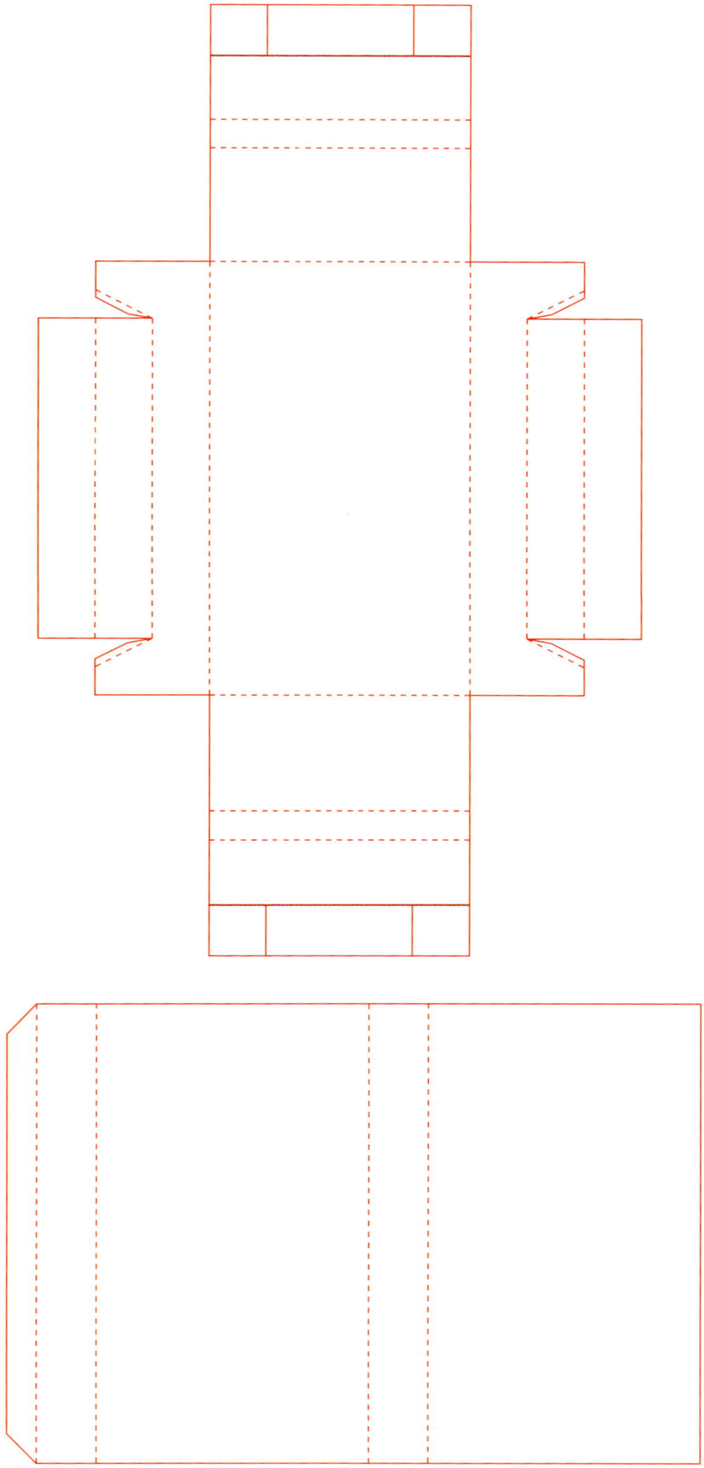

DESIGN	→	Helvetica
PROJETO	→	Caixa para Hefti Jeunesse
DESCRIÇÃO	→	Estas duas embalagens utilizam o mesmo princípio de design: um recipiente externo em papel-cartão impresso e de uma bandeja interna em plástico moldado a vácuo. A apresentação do produto foi cuidadosamente considerada no design estrutural do recipiente de papel-cartão, de modo que, ao ser aberto, os produtos são revelados de maneira majestosa.

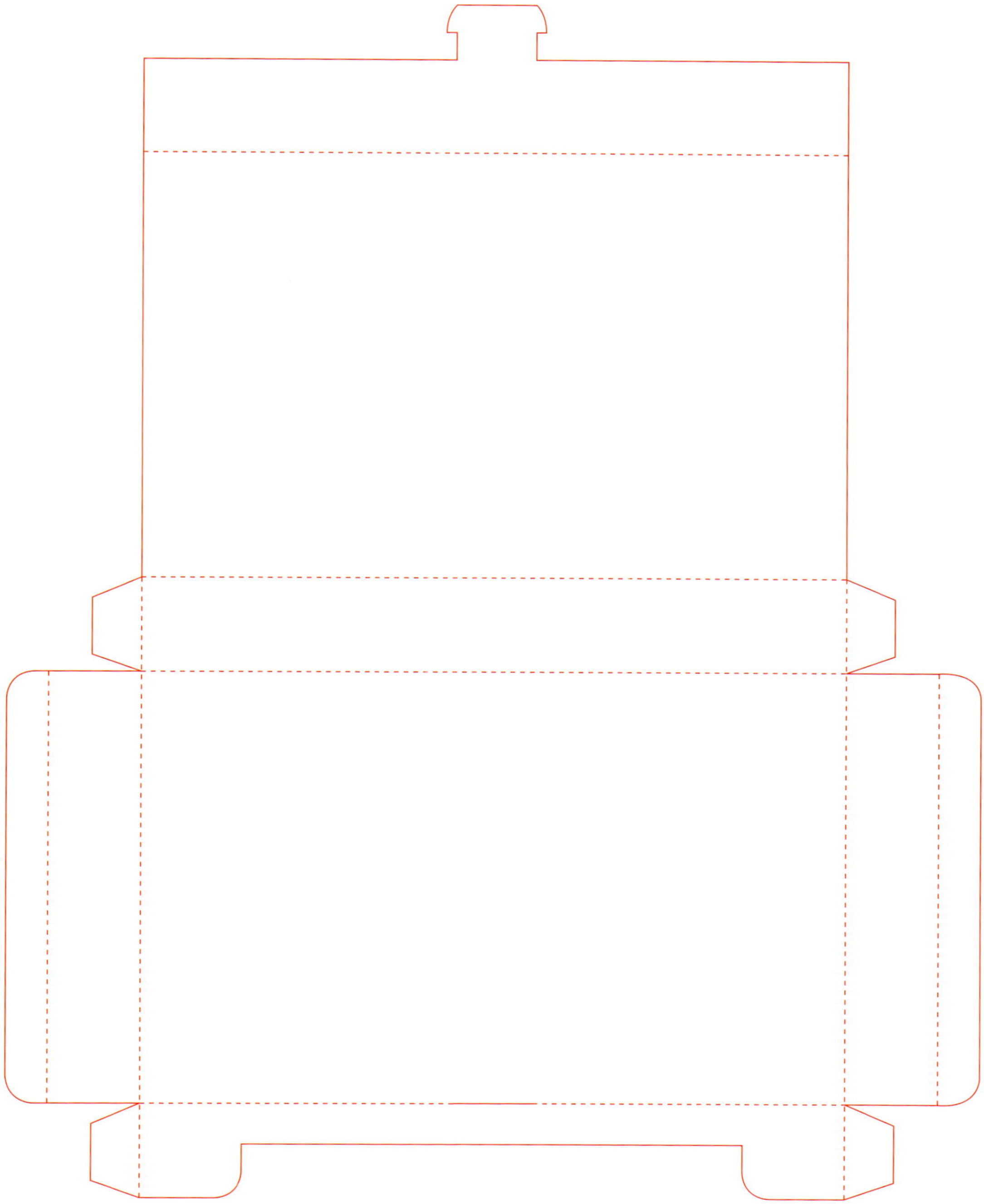

DESIGN	→	Qualvis/Bigfish Designers
PROJETO	→	Caixas para Gü and Frü
DESCRIÇÃO	→	O design estrutural das caixas para esta linha de sobremesas premium é caracterizado pela base quadrada larga que se estreita em um sistema de fechamento arredondado. Isso confere ao produto um apelo interessante e ajuda a distingui-lo da concorrência.

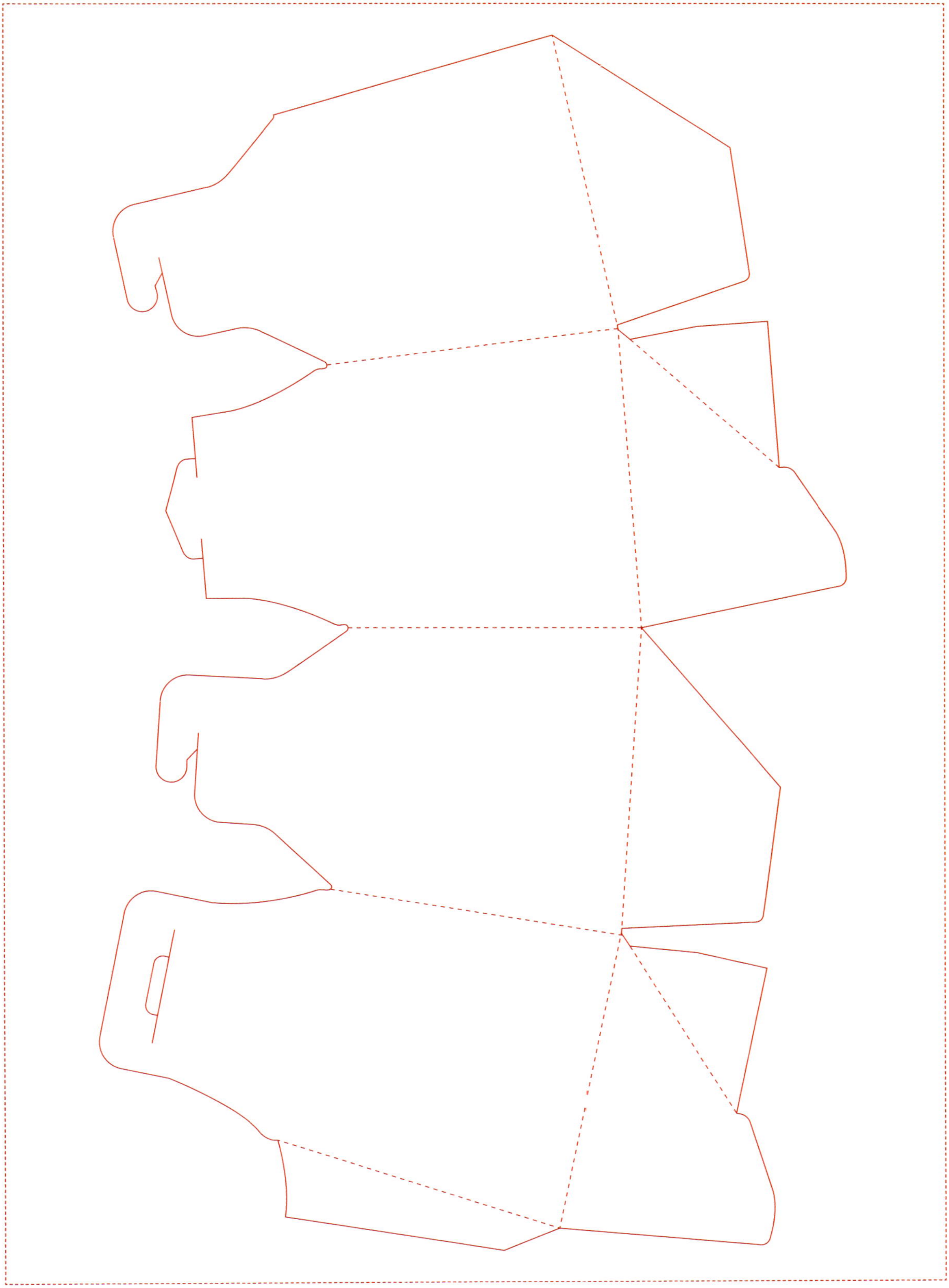

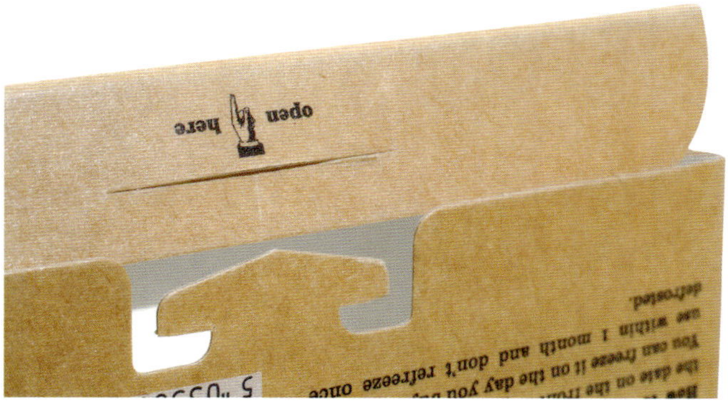

DESIGN	→	Qualvis
PROJETO	→	Caixa para Bigham's Pies
DESCRIÇÃO	→	Este design mantém, deliberadamente, o material da embalagem exposto e utiliza os seus tons quentes e sua textura para enfatizar as características do produto.

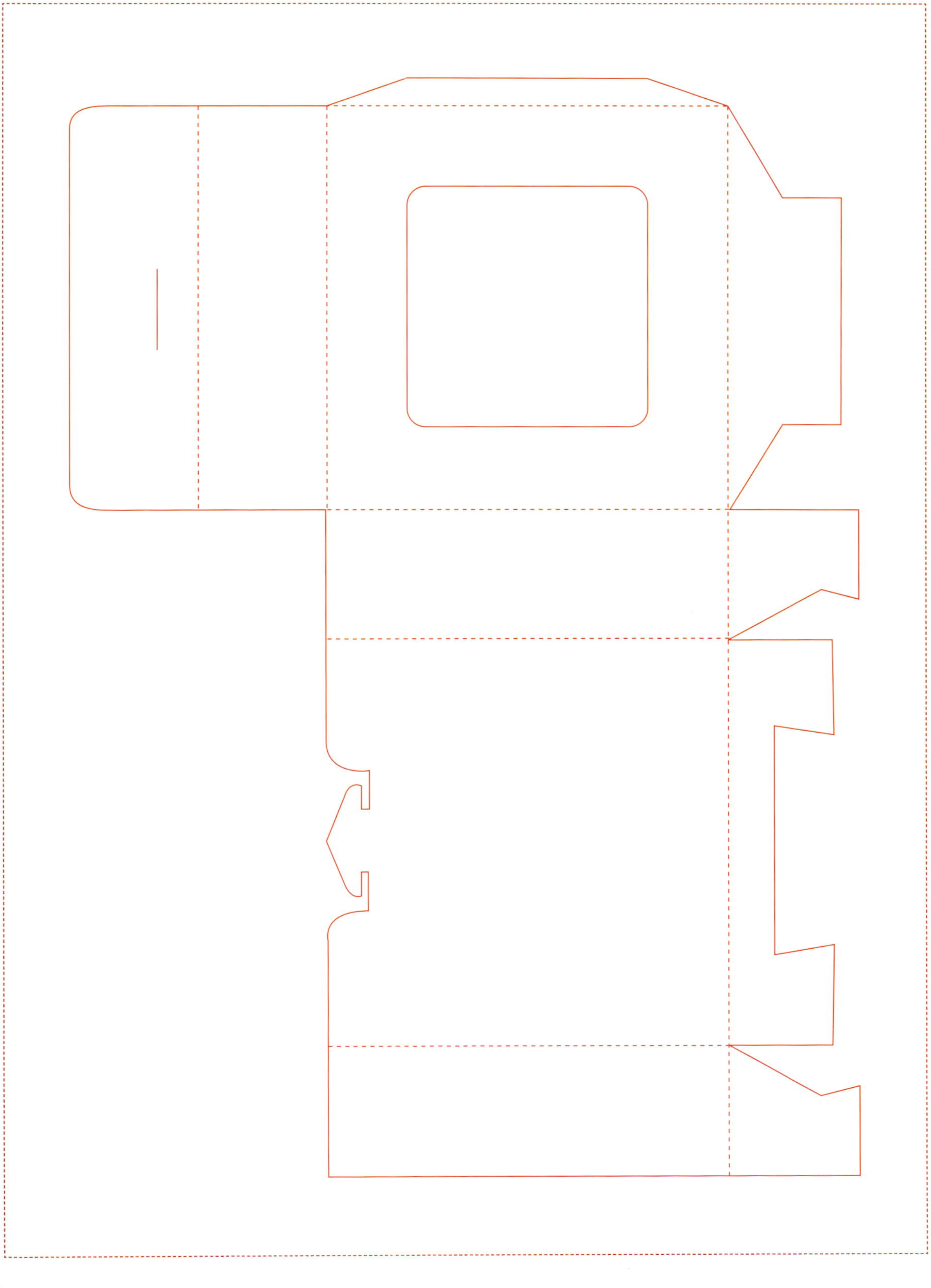

05

PAPELARIA E ETIQUETAS

AUSTIN WALSH
associate photographer
816 842 8480
austinwalshphotography.com
1535 Grand Boulevard
Kansas City MO 64108
ronBerg

DESIGN	→	konnectDesign
PROJETO	→	Identidade para Austin Walsh
DESCRIÇÃO	→	Este sistema de identidade para o fotógrafo Austin Walsh parte da premissa de que uma imagem inicia uma conversa, por isso apresenta um balão de diálogo que contém fotografias de Walsh. O conjunto inclui uma série de cartões de visita com corte especial e áreas em baixo-relevo para destacar as imagens, minifotografias em formato quadrado, adesivos e cartões-postais grandes e ousados.

DESIGN	→	Doshi Levien
PROJETO	→	Envelopes
DESCRIÇÃO	→	Um encontro fortuito com o dono de uma fábrica de papel em Nova Delhi deu a Nipa Doshi e Jonathan Levien uma ideia para um conjunto de envelopes corporativos. Anúncios com erro de registro e impressão sobreposta de marcas ocidentais e indianas foram cortados, estampados, marcados em relevo seco com o logotipo da empresa, dobrados e colados para comporem os envelopes. A aba recortada tem um ar indiano contemporâneo.

www.splashinteractive.com
splash
{interactive}
Ivy Wong t.416.460.0850 ivy@splashinteractive.com
www.splashinteractive.com
splash
{interactive}
Ivy Wong t.416.460.0850 ivy@splashinteractive.com

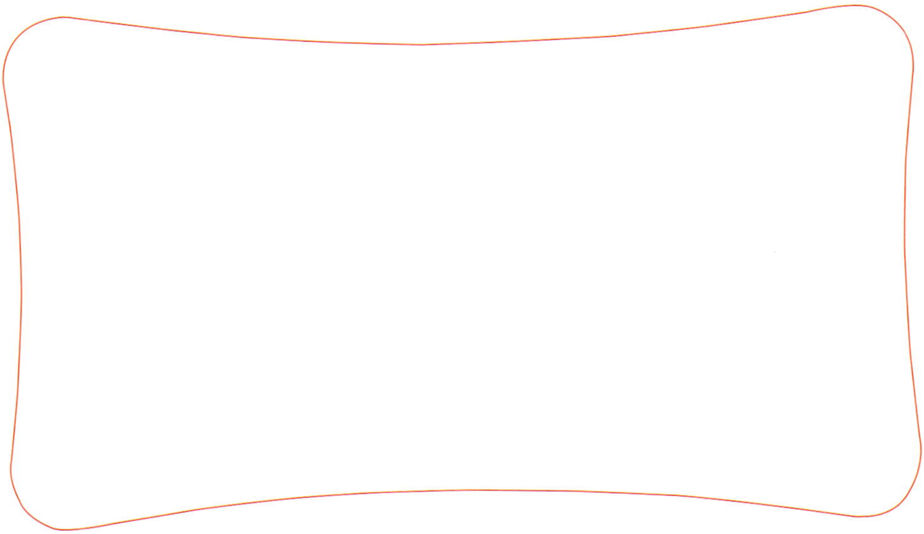

DESIGN	→	Ivy Wong
PROJETO	→	Cartão de visita Splash Interactive
DESCRIÇÃO	→	Estes cartões de visita têm um formato marcante que faz referência a respingos de água. O papel brilhoso reproduz o brilho da água iluminada e a fonte fragmentada tem um leve relevo em azul.

DESIGN	→	Spin
PROJETO	→	Papelaria para Amrita & Mallika
DESCRIÇÃO	→	O tipo decorativo nesta pasta com corte especial e dobra-sanfona recebeu hot stamping prateado e o resultado foi uma identidade viva, marcante e pessoal.

DESIGN	→	QuA Associates
PROJETO	→	Papelaria para Restaurant de Salentein
DESCRIÇÃO	→	O Restaurant de Salentein fica na Holanda. O design destes artigos de papelaria utiliza uma tipografia clássica combinada com formas orgânicas e naturais, dando um ar rico, natural e fresco ao material.

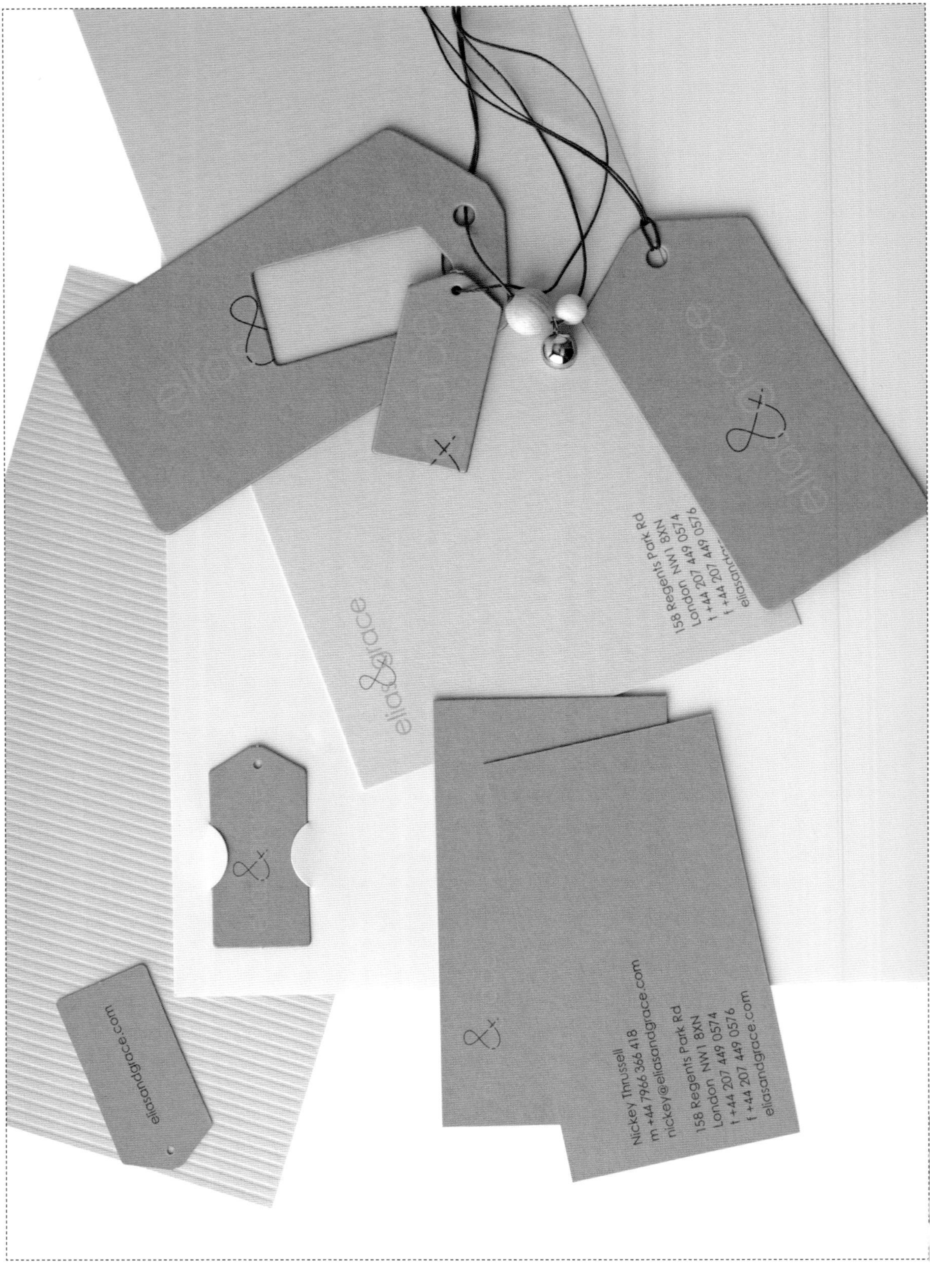
eliasandgrace
158 Regents Park Rd
London NW1 8XN
t +44 207 449 0574
f +44 207 449 0576
Nickey Thrussell
m +44 7966 366 418
nickey@eliasandgrace.com
158 Regents Park Rd
London NW1 8XN
t +44 207 449 0574
f +44 207 449 0576
eliasandgrace.com
eliasandgrace.com

DESIGN	→	Aloof Design
PROJETO	→	Identidade para Elias & Grace
DESCRIÇÃO	→	A loja Elias & Grace, de Londres, oferece uma abordagem moderna às roupas para gestantes e crianças. O conceito da Aloof Design de uma etiqueta-bebê dentro de uma etiqueta maior reflete a clientela de mães e bebês. As etiquetas foram adornadas com contas de vidro colorido e sininhos de metal presos por um fio de linho marrom.

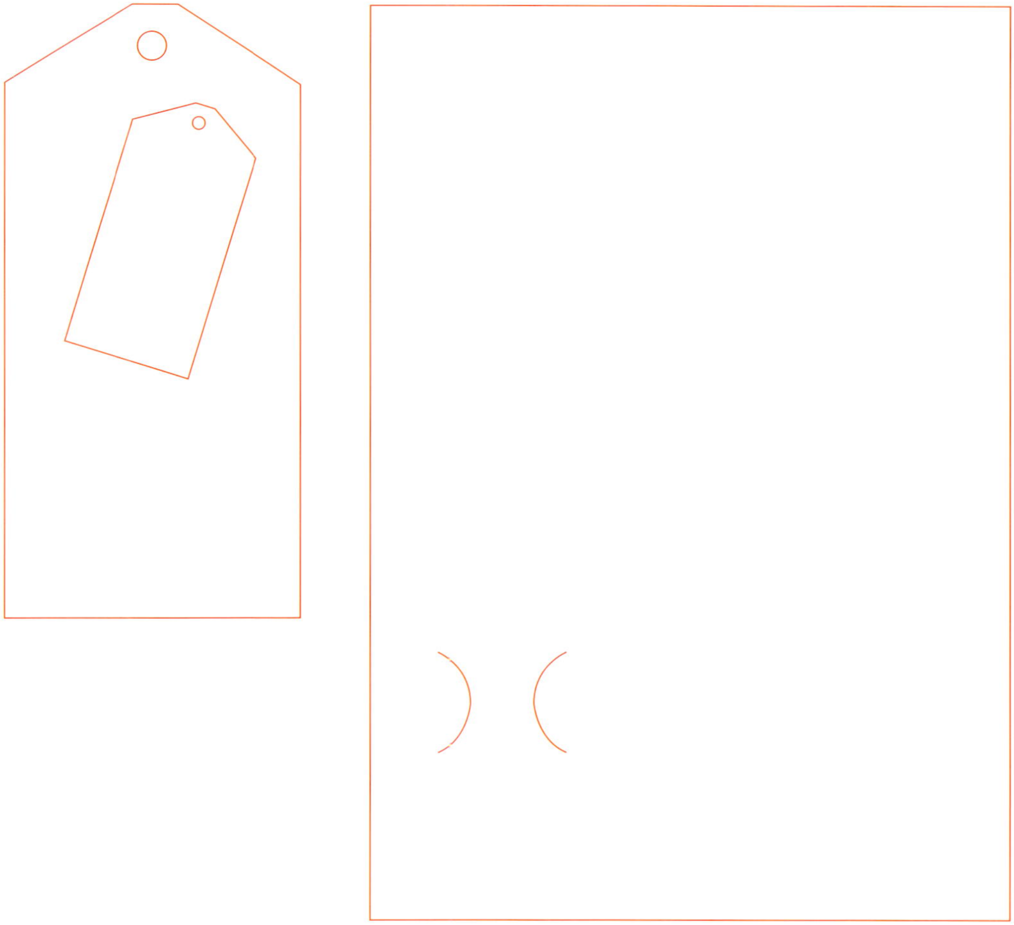

2005

DESIGN	→	Morrow Mckenzie Design
PROJETO	→	Etiquetas para sid
DESCRIÇÃO	→	Estas etiquetas foram impressas em tintas de cores customizadas e em amarelo fluorescente. A paleta de cores, combinada com ilhoses metálicos e cortes especiais, sugere um negócio tecnológico e contemporâneo, com um foco na ciência do esporte.

DESIGN	→	IE Design + Communications
PROJETO	→	Etiquetas para Moth
DESCRIÇÃO	→	As escolhas de design dentro desta etiqueta ajudam a comunicar algo visual sobre o nome da loja de roupas, Moth (mariposa), e o estilo vintage das roupas que vende. A tinta metálica prateada remete, de modo leve e alegre, ao brilho das asas das mariposas, assim como a forma e a estrutura de corte curvo do cartão dobrável.

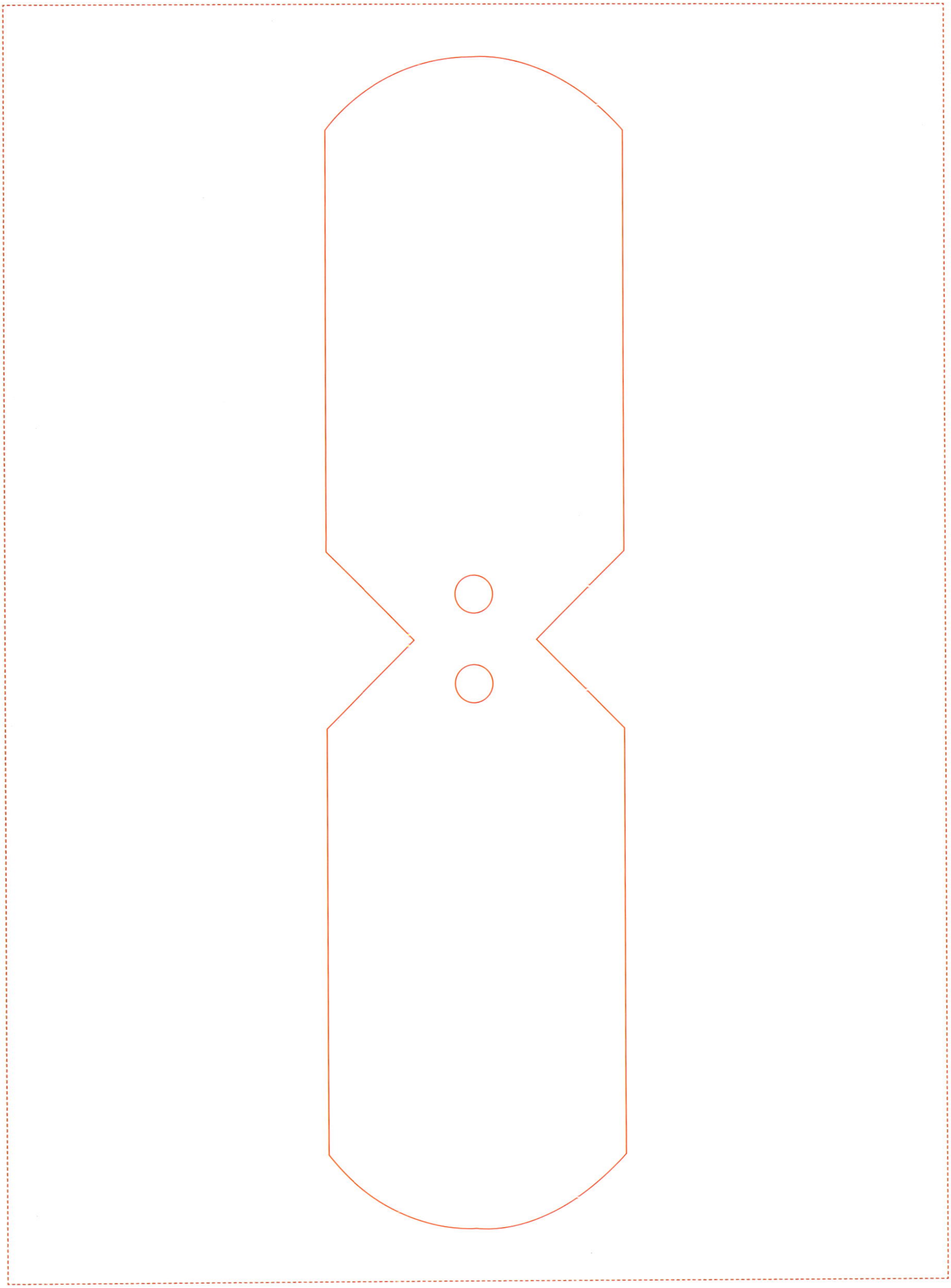

DESIGN	→	IE Design + Communications
PROJETO	→	Theresa Kathryn
DESCRIÇÃO	→	Esta etiqueta é um livro em miniatura belamente produzido, que conta a história da designer Theresa Kathryn. A capa foi feita com impressão litográfica sobre cartão de alta gramatura e laminado fosco em ambos os lados, corte especial intrincado, vincos e dobras assimétricas, dobra canoa e fechamento por aba com corte especial. Ao abrir a aba, oito páginas de texto em duas cores são reveladas para completar esta refinada etiqueta.

06

ÍNDICE